4차 산업혁명 시대, 스마트공장 구축을 위한

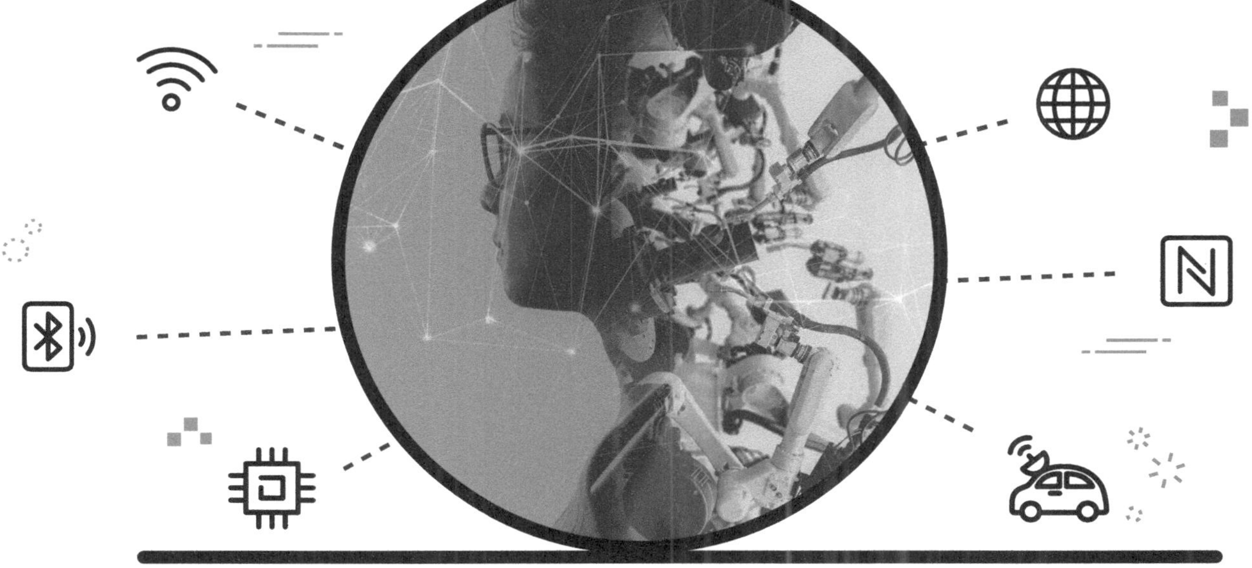

정완보, 우재우 공저

스마트제조& 아두이노-PLC 통신 및 C# 프로그래밍

(아두이노에서부터 C# 프로그래밍 실습까지)

光文閣
www.kwangmoonkag.co.kr

이더넷은 이미 오래전부터 자리 잡고 있는 산업용 통신 기술이다. 공개 표준으로서 다수의 업체가 이 기술을 지원하고 있다. 필요한 데이터 속도에 따라서 다양한 이더넷 표준이 사용되고 있으며, 공장설비로 구조화된 케이블을 사용해서 견고하고 신뢰할 수 있는 연결성을 달성하고 컴퓨팅 인프라로 연결할 수 있다. 앞으로의 제조 현장에서 제조업체가 경쟁력을 유지하고 수익성을 높이기 위해서는 이러한 네트워크 통신을 기반으로 데이터를 실시간 모니터링하고 관리하는 것이 중요하게 되었다.

이처럼 다양한 연결성, 커넥티비티 기술을 구현하기 위해서는 데이터를 전송할 수 있는 능력이 토대가 되어야 하며 SCADA, POP, MES와 같은 플랫폼과의 데이터 공유 및 인터페이스 기술 등 제조설비 데이터를 관제 시스템에서 관리하는 것에 대한 중요성이 부각되고 있다.

이 교재는 산업 현장에서 사용되는 PLC와 교육기관에서 많이 활용되는 아두이노를 사용하여 이기종 간 통신을 통해 다양한 데이터를 수집하고 분석하는 기술과 C# 언어를 활용해 다양한 알고리즘과 Logic에 기반하여 기계 장치를 모니터링하거나 제어하는 시스템을 보다 쉽게 이해할 수 있도록 초점을 맞추었다.

1~4장에서는 아두이노의 개요부터 기본적인 프로그램 작성 방법, 이더넷 통신 프로토콜 방식에 따라 실제 현장에서 사용되는 PLC와의 통신 제어 방법에 대해 알아보고 5~6장에서는 C#언어를 사용하여 콘솔 및 윈폼 기반 애플리케이션에 대한 환경 설정, 기초 연산 프로그래밍, 실제 하드웨어(PLC)와 연계한 전반적인 시스템 설계 방법을 일상생활의 주제로 한 프로젝트 실습 방법에 대해 다루었다.

마지막으로 이 교재를 통해 기계 장치 간 네트워크 통신을 이해하고, 설비 데이터 모니터링 애플리케이션을 개발할 수 있는 능력을 키우는 데 도움이 되길 바란다.

저자 일동

목차

PART I
아두이노(ARDUINO)

01. 아두이노 살펴보기

단원 소개

오픈소스의 대명사인 아두이노는 2005년에 전기전자 기술과 코딩에 문외한인 예술인의 작품 제작을 위해 소개된 이후 발전을 거듭하여 4차 산업혁명 시대의 핵심 기술인 IoT 제어를 위한 기술 분야에 널리 사용되고 있다. 본 교재에서는 아두이노의 종류와 코딩을 위한 프로그램 명령어에 대해 살펴보고 간단한 프로그램 작성을 통해서 아두이노의 사용법을 익힌다.

CHAPTER 01

스마트제조& 아두이노-PLC 통신 및 C# 프로그래밍

아두이노 살펴보기

학습 목표

1. 아두이노 종류를 구분하고 각각의 특징을 설명할 수 있다.
2. 아두이노 보드의 구성을 설명할 수 있다.
3. 아두이노 이더넷 실드 보드에 대해 설명할 수 있다.

1. 아두이노 살펴보기

오픈소스의 대명사가 되어 버린 아두이노는 2005년 이탈리아의 IDII(Interaction Design Institute lvera)에서 IT 관련 하드웨어에 익숙지 않은 디자인 관련 대학원생들이 만든 디자인 작품을 제어하기 위해 고안되었다. 처음에는 아트멜(Atmel)[1]의 AVR이라는 마이크로컨트롤러를 기반으로 만들어졌으며, 현재는 ARM[2] 계열의 Cortex-M0(Arduino M0 Pro)와 Cortex-M3(Arduino Due)를 이용한 제품을 포함한 다양한 형태의 제품들이 출시되어 있고 전 세계에서 IoT 제어 및 다양한 제어기 용도로 사용하고 있다.

1 미국의 반도체 회사로 AVR이라는 명칭을 가진 마이크로프로세서를 만든 기업이다.

2 영국의 임베디드 프로세서 설계 전문 기업의 명칭으로 AP(Application Processor), SoC을 설계하고 설계 도면을 반도체 생산 전문 업체에 라이센서하는 기업의 명칭으로 아이폰과 갤럭시 같은 스마트폰에서 CPU의 역할을 하는 AP로 사용되면서 널리 알려졌다.

[표 1-1] 아두이노 보드에 사용한 마이크로컨트롤러의 종류와 비트 수

아두이노 보드 명칭	마이크로컨트롤러 명칭	아키텍처	CPU 비트 수
우노	Atmega328	AVR	8
레오나르도	Atmega32u4	AVR	8
메가2560	Atmega2560	AVR	8
제로	ATSAMD21G18	ARM Cortex M0+	32
듀에	AT91SAM3X8E	ARM Cortex M3	32

다양한 기능을 가진 아두이노 중에서 실습에서는 가장 많이 사용하는 아두이노는 우노(UNO)와 그리고 입출력을 확장한 메가(MEGA) 보드를 많이 사용한다.

1) 아두이노 우노(UNO)

아두이노 우노는 아두이노의 표준 보드로 아두이노 홈페이지 또는 인터넷 등에서 제시하는 예제가 우노 보드에 사용하고 있어서 아두이노 입문자들이 많이 사용한다. [그림 1-1]에서 아두이노에서 사용하는 커넥터와 입출력 핀의 기능을 살펴보자.

① USB 포트

아두이노 IDE[3]에서 작성한 프로그램을 업로드하거나 또는 시리얼 모니터에서 PC와의 데이터를 송수신하는 통신 포트로도 사용하고, 아두이노 보드의 작동에 필요한 5Vdc의 전원을 공급하는 역할을 한다. 컴퓨터의 USB 포트는 5Vdc 전압에 최대 500mA의 전류를 공급하기 때문에 USB에서 공급하는 전류보다 큰 부하를 동작할 때는 외부 전원을 별도로 공급하여야 한다.

3 PC에서 아두이노 제어를 위한 프로그램 편집, 컴파일러, 업로더, 라이브러리 관리 기능을 통합한 소프트웨어 환경을 의미한다.

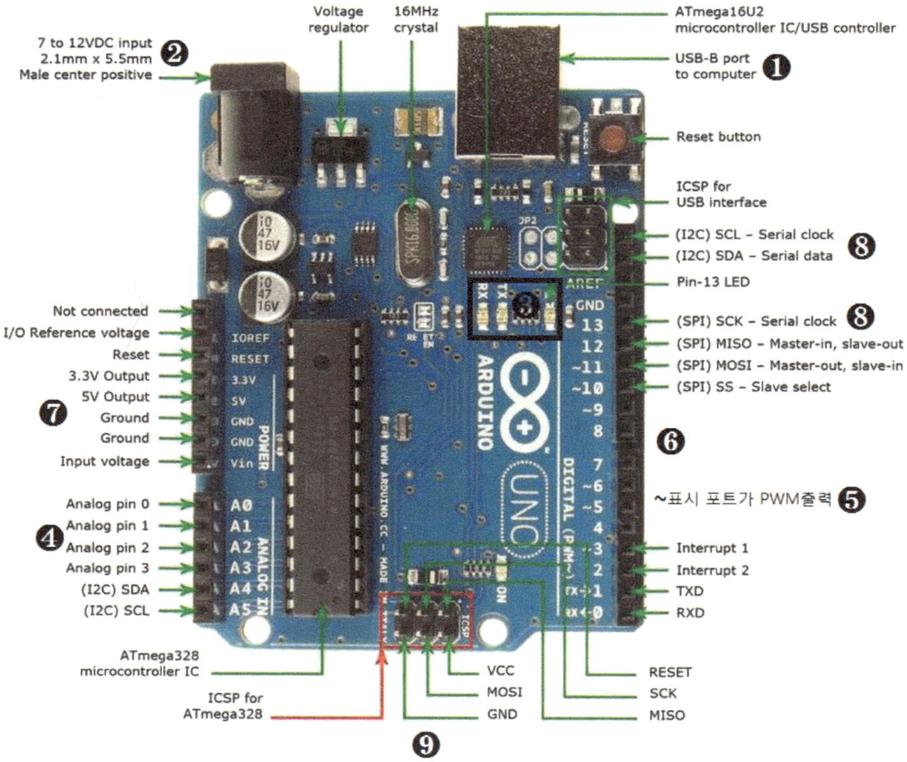

[그림 1-1] 아두이노 우노 보드 및 핀 배열과 기능[4]

② 외부 전원 커넥터

외부에서 7~12Vdc의 전원을 공급하면 아두이노 보드에 장착된 전압 레귤레이터(volt regulator) MC33269D-5.0을 통해서 5Vdc의 전원을 공급할 수 있는데 최대 전류는 800mA이다. 따라서 아두이노 보드에서 사용되는 5Vdc 전원을 사용해서 부하를 제어할 때에는 최대 허용 전류 이내에서 사용하고 최대 전류를 초과하는 경우에 별도의 DC전원을 사용한다.

③ LED 3개

아두이노 보드에 장착된 LED로 시리얼 통신 확인용 TX와 RX가 있고, PWM 출력이 가능한 아두이노 핀 13번에 1개의 LED가 연결되어 있어 아두이노의 동작 상태를 점검할 때 주로 사용한다.

4 출처 https://www.researchgate.net/figure/The-board-of-the-ARDUINO-UNO-R33_fig6_315337631

④ 아날로그 입력 포트

아두이노 보드에서 A문자로 시작하는 핀은 아날로그 입력 포트이다. 아날로그 입력 포트로 사용하지 않을 때에는 디지털 입출력용으로 사용이 가능하다. 아날로그 입력 포트의 0~5Vdc 범위의 전압을 입력받아 0~1023의 디지털 정숫값으로 변환한다. 따라서 분해능은 "5Vdc ÷ 1024 = 0.0049Vdc"이다.

⑤ 아날로그 출력 포트

아두이노의 아날로그 출력 포트는 일반적으로 생각하는 전압 또는 전류를 출력하는 것이 아닌 PWM(펄스 폭 변조) 신호를 출력한다.

⑥ 디지털 입출력 포트

아두이노의 입출력 포트는 입력과 출력을 선택해서 사용할 수 있는 양방향 입출력 포트로 사용하기 전에 입력으로 사용할지 출력으로 사용할지를 설정한 후에 사용한다.

⑦ 전원과 접지 포트

3.3Vdc, 5Vdc의 전원과 GND가 있다. 그리고 Vin 포트는 외부 전원을 연결할 수 있는 포트로 DC 전원 커넥터를 사용하지 않고 보드에 외부 전원을 공급할 때 7~12V의 DC 전원을 연결해서 사용할 수 있다.

⑧ I2C와 SPI 포트

동기식 시리얼 통신을 할 수 있는 포트로 전송 거리는 짧지만 빠른 통신 속도를 사용할 수 있다. I2C 통신은 SCL, SDA 신호선을 사용하고, SPI는 SCK, MISO, MOSI, SS 신호선을 사용한다.

⑨ ICSP

아두이노 보드에 장착된 MCU에는 아두이노 스케치에서 작성한 사용자 프로그램을 USB 통신으로 전송하면 실행해 주는 전용 프로그램이 내장되어 있다. MCU에 내장된 전용 프로그램에 의해 사용자 프로그램이 실행되는 방식을 부트로더(Bootloader) 방식이라 한다. ISP는 부트로더 전용 프로그램이 없는 MCU에 부트로드와 같은 프로그램을 플래시 메모리에 쓰게 하거나 지우는 방식을 ISP(In System Progrmming) 방식이라 한다.

2) 아두이노 메가

아두이노 메가는 우노에 비해 많은 입출력 포트를 제공하는 것이 특징이다. 표준 아두이노 우노와 핀 배열, 특징이 다르기 때문에 아두이노를 처음 입문한 분들이 사용하기에는 조금 벅찬 보드일 수 있지만, 하드웨어 시리얼 통신을 4채널이나 지원하고 우노 보드에 비해 디지털 및 아날로그 입출력의 개수가 많아서 다양한 입출력을 제어하는 자동화 장치의 제어 용도로 적합하다.

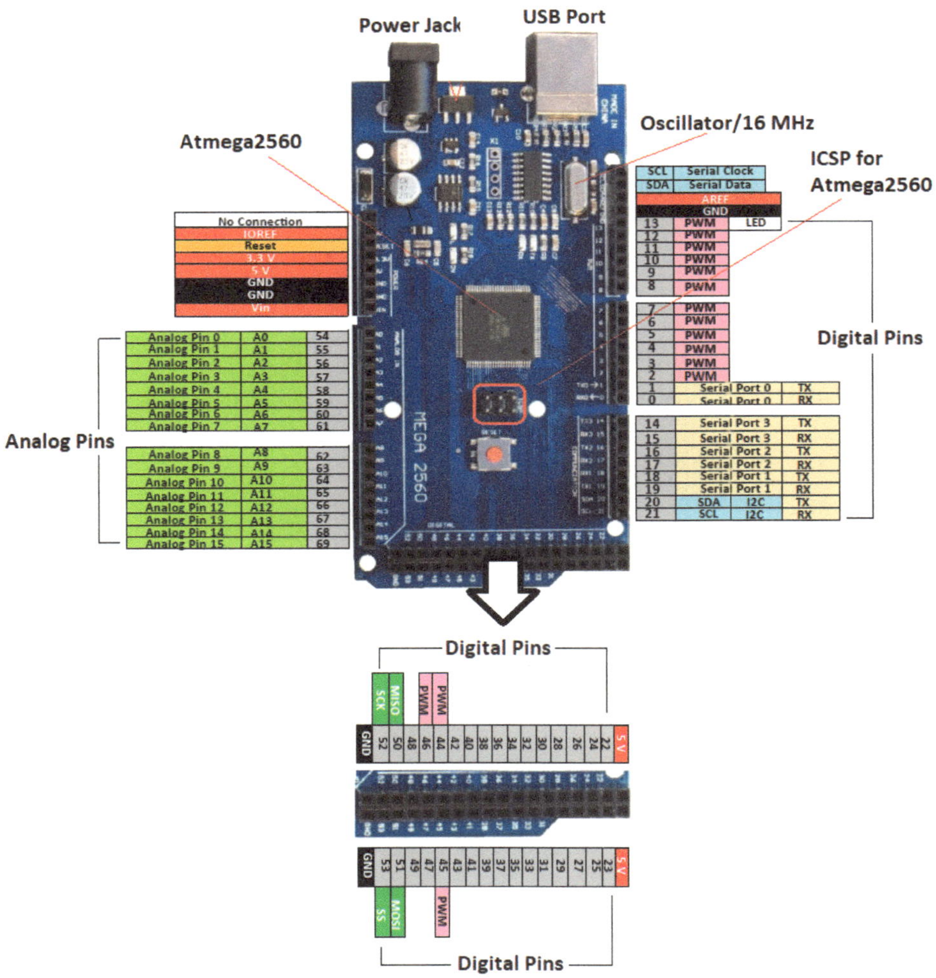

[그림 1-2] 아두이노 메가의 핀 배치 및 기능[5]

5 출처 https://www.theengineeringprojects.com/2018/06/introduction-to-arduino-mega-2560.html

3) 우노와 메가의 인터페이스 및 사양 비교

우노와 메가의 핀 기능에 대해 [그림 1-1]과[그림 1-2]에서 살펴보았다. 우노와 메가의 사양을 비교하면 [표 1-2]와 같다. 가장 큰 차이점은 디지털 입출력 핀의 수에서 큰 차이가 있고 시리얼 통신 포트의 개수에 있어서 우노는 1개지만 메가는 4개를 가지고 있다. 따라서 사용하는 제어 조건에 맞추어 우노와 메가를 선택하면 된다.

[표 1-2] 아두이노 우노와 메가의 사양 비교

구분	우노 R3	메가
CPU 종류	ATmega328P	ATmega2560
작동 전압	5V	5V
입력 전압(권장)	7 - 12V	7 - 12V
디지털 입출력 핀	14 (6개 핀은 PWM 출력 핀과 공동 사용)	54 (15개 핀은 PWM 출력 핀과 공동 사용)
아날로그 입력 핀	6	16
PWM 출력 핀	6	15
시리얼 통신 포트	1	4
입출력 전류	40mA/핀	40mA/핀
플래시 메모리	32KB (0.5KB는 부트로더용)	256KB (8KB는 부트로더용)
SRAM	2KB	8KB
EEPROM	1KB	4KB
클럭 속도	16MHz	16MHz
프로그래밍 단자	USB B	USB B

2. 아두이노 실드

아두이노가 전 세계적으로 많은 사용자를 확보할 수 있게 된 계기 중에 하나가 [그림 1-3]처럼 다양한 실드를 지원한다는 것이다.

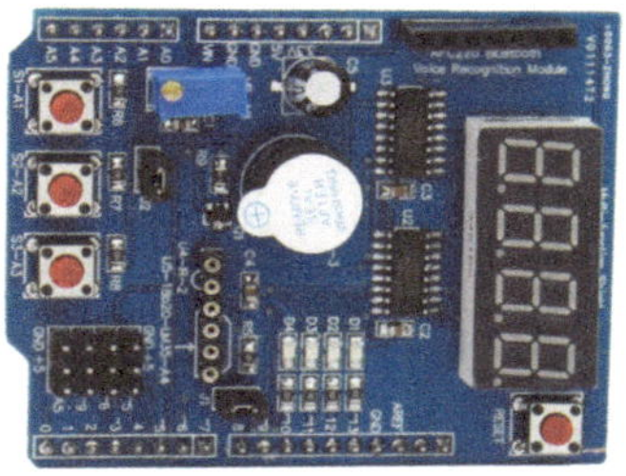

(a) 멀티 펑션 실드

(b) 모터 제어 실드

(c) 이더넷 실드

(d) 아두이노 보드에 실드를 장착한 모습과 방법

[그림 1-3] 다양한 아두이노 실드와 실드 장착하는 방법

실드는 아두이노 보드에 연결하여 성능을 확장시키기 위한 하드웨어 장치를 의미한다. 전자 기술이 적용된 하드웨어를 만들기 위해서는 오랜 경험을 가진 엔지니어를 필요로 하지만 아두이노에서는 사용하고자 하는 기능을 가진 하드웨어 실드를 아두이노 보드에 연결만 하면 되기 때문에 하드웨어의 제작과 관련된 기술을 알지 못하는 비전공자들도 쉽게 기능을 구현할 수 있다.

1) 아두이노 이더넷 실드

아두이노 우노 및 메가 보드에 연결해서 이더넷 통신을 할 수 있는 실드를 의미하고 다양한 형태의 실드가 존재한다.

(a) 이더넷 실드 (b) 이더넷 실드2 (c) 이더넷 실드(POE 포함)

[그림 1-4] 다양한 종류의 이더넷 실드

아두이노 이더넷 실드에서 핵심 부품이 국내의 팹리스[6] 기업인 위즈네트(www.wiznet.io)의 하드웨어 TCP/IP칩인 W5100이다.

2) W5100

[그림 1-5] W5100 블록 다이어그램

W5100은 하드웨어 방식의 TCP/IP가 내장된 이더넷 컨트롤러 칩으로 임베디드 시스템에 이더넷 연결을 쉽게 해주는 역할을 한다. W5100은 하나의 칩에 TCP/IP와 10/100 이더넷 MAC & PHY를 내장하고 있어, 안정된 인터넷 연결을 구현할 수 있도록 최적화되어 있는 반도체이다. W5100은 TCP, UDP, IPc4, ICMP, ARP, IGMP, PPPoE 등을 지원하며, 수년에 걸쳐 다양한 디바이스와 애플리케이션에

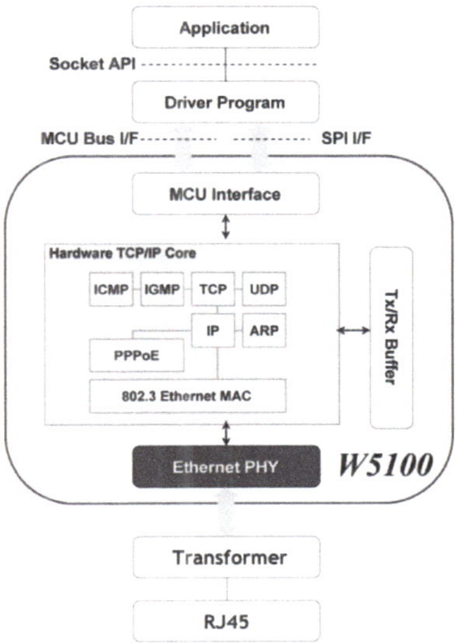

[그림 1-5] W5100 블록 다이어그램

6 반도체 제조 공정 중 설계와 개발만은 전문으로 하는 회사를 의미하고 제조설비를 의미하는 fabrication과 less를 합성한 단어이다. 해외 대표 기업으로는 퀄컴이 있다.

적용되면서 기능과 성능의 안정성이 증명되어 임베디드 분야의 이더넷 통신 용도로 널리 사용되고 있다. W5100은 네트워크 패킷 송수신을 위해 16kbytes 크기의 내부 메모리를 지원하고 단순화된 소켓 프로그램을 사용하여 이더넷 기능을 구현할 수 있다. 4개의 독립된 하드웨어 소켓을 동시에 사용 가능하며, 8-bit Bus 인터페이스(Direct & Indirect)와 SPI(Serial Peripheral Interface)를 통하여 외장 MCU와 인터페이스 할 수 있다.

3) 아두이노 보드와 이더넷 실드의 결합

W5100을 사용한 이더넷 실드 보드는 SPI 통신을 사용해 아두이노 우노 또는 메가 보드와 연결된다. SPI 통신을 위한 신호선은 [그림 1-6]처럼 아두이노 ICSP 헤더에 연결되어 있고 병렬로 아두이노 우노의 경우 11, 12 및 13번 핀, 메가는 50, 51 및 52번 핀에 연결되어 있기 때문에 SPI 통신을 사용하는 경우에는 이들 신호선을 다른 입출력으로 사용할 수 없다. 그리고 아두이노 우노와 메가에서 10번 핀은 W5100은 선택하는 핀으로 사용되고 있어서 다른 용도로 사용할 수 없다. 그리고 메가에서 하드웨어 SS핀은 W5100과 SD 카드를 선택하는 데 사용되지 않지만 출력으로 설정해야 하고 다른 용도로 사용할 수 없다. 이 조건을 지키지 않는다면 SPI 인터페이스가 동작하지 않는다.

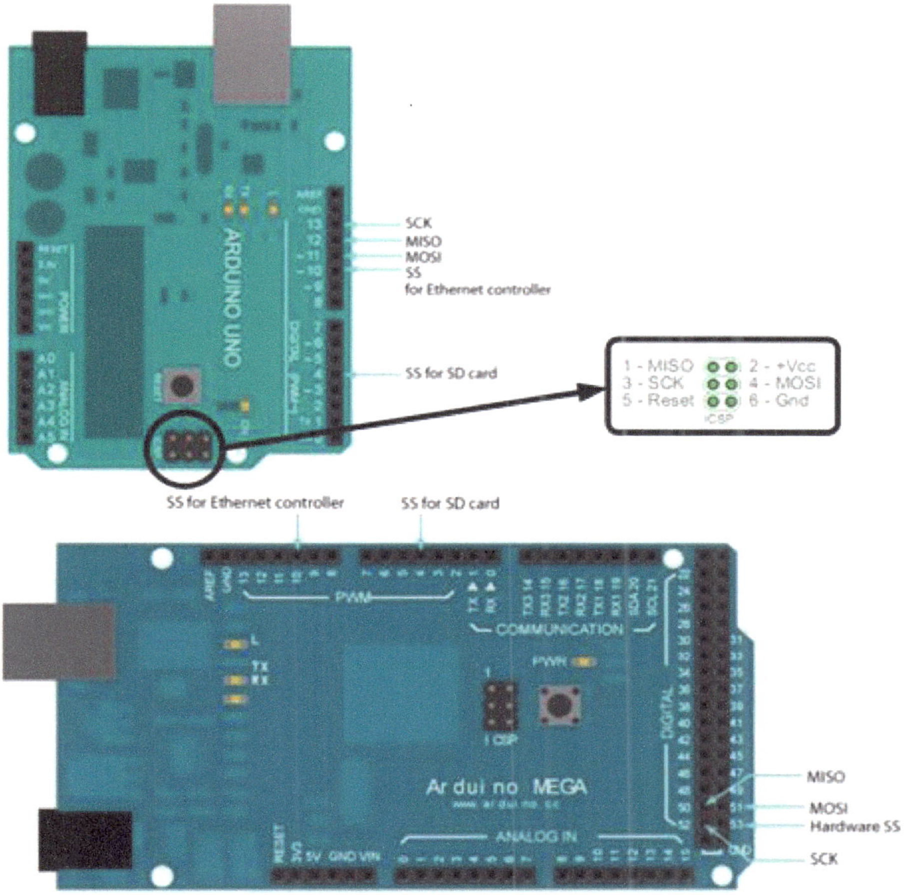

[그림 1-6] 아두이노 우도와 메가 보드에서 ICSP의 위치 및 핀 번호

3. 아두이노 프로그램 작성

아두이노 프로그램 작성을 위해서는 아두이노에서 사용하는 데이터의 종류와 형식 그리고 명령어와 함수에 대해 알고 있어야 한다.

(1) 아두이노 프로그램 작성을 위한 필요사항

아두이노의 프로그램은 표준 C언어, C++ 문법을 사용하기 때문에 C언어에 대한 기본 이해만 한다면 손쉽게 프로그램을 작성할 수 있다. 프로그램 작성을 위해 필요한 내용을 살펴보자.

1) 프로그램에서 사용하는 숫자의 표현

프로그램을 실행할 때 사용되는 모든 데이터는 아두이노에 사용된 MCU가 인식할 수 있는 2진수로 구성되어야 하지만 프로그램의 작성은 사람이 하는 작업이기 프로그램을 작성할 때에는 [표 1-3]처럼 실수, 10진수, 16진수, 8진수, 2진수의 표현 방법을 사용해서 프로그램에서 필요로 하는 데이터를 설정할 수 있다.

[표 1-3] 아두이노에서 사용하는 숫자의 형식과 표현 방법

형식	표현	형식	표현
실수	3.15, -3.15, 1.234E2	8진수	0123
10진수	123	2진수	B11011101
16진수	0x12, 0X12		

2) 프로그램에서 사용하는 데이터 타입(자료형)

프로그램에서 사용하는 데이터는 변수와 상수로 구분된다. 데이터는 메모리에 저장되는 숫자를 의미하고, 상수는 한 번 지정한 값을 변경할 수 없고, 변수는 값을 변경할 수 있다. 변수를 사용하기 위한 메모리를 설정할 때에는 반드시 데이터 타입을 지정해야 한다. [표 1-4]에 데이터의 타입과 설정 범위를 나타내었다.

[표 1-4] 아두이노에서 사용하는 데이터 타입 및 설정 범위

데이터 타입	크기	내용	설정값 범위
boolean	1바이트	참, 거짓	true(1), false(0)
char	1바이트	문자(ASCII코드)	-127 ~ +128
byte	1바이트	바이트	0 ~ 255
int	2바이트	16비트 크기 정수	-32,768 ~ 32,767
unsigned int	2바이트	부호 없는 16비트 정수	0 ~ 65535
word	2바이트	부호 없는 16비트 정수	0 ~ 65535
long	4바이트	32비트 크기 정수	-2,147,483,648 ~ -2,147,483,647
unsigned long	4바이트	부호 없는 32비트 정수	0 ~ 4,294,967,295
float	4바이트	실수	-3.4028234E+38 ~ +3.4028234E+38
double	4바이트	실수(float와 동일)	-3.4028234E+38 ~ +3.4028234E+38
string	배열	문자열 저장 배열	

3) 프로그램에서 사용하는 함수

아두이노에서는 IDE에서 제공하는 공식 함수와 오픈소스로 만들어지는 사용자 함수가 존재한다. 교재에서는 많이 사용하는 함수만을 [표 1-5]에서 간략하게 설명한다. 함수는 매개변수를 사용하기 때문에 함수를 사용할 때에는 함수의 사용법을 확인한 후에 사용한다.

[표 1-5] 아두이노에서 사용하는 함수의 종류 및 설명

함수의 종류		내용
아날로그 입출력	analogReference	아날로그 변환을 위해 사용하는 기준 전압을 설정
	analogRead	지정한 아날로그 핀에서 아날로그 값 읽기
	analogWrite	지정한 아날로그 핀에서 아날로그 값 쓰기
디지털 입출력	digitalWrite	지정한 디지털 핀에서 값(HIGH 또는 LOW)을 쓰기
	digitalRead	지정한 디지털 핀에서 값(HIGH 또는 LOW)을 읽기
	pinMode	지정한 디지털 핀을 입력 또는 출력으로 동작하도록 설정
시간	delay	설정한 시간 동안 프로그램 실행을 멈춤(설정 단위 1/100초)
	delayMicroseconds	설정한 시간 동안 프로그램 실행을 멈춤(설정 단위 1/1,000초)
	micros	전원이 ON된 시점부터 경과 시간을 반환(설정 단위 1/1,000초)
	millis	전원이 ON된 시점부터 경과 시간을 반환(설정 단위 1/100초)
외부 인터럽터	attachinterrupt	외부 인터럽터 핀을 통한 인터럽터 허용
	detachinterrupt	외부 인터럽터 핀을 통한 인터럽터 금지
인터럽터	interrupts	인터럽터 동작 허용
	noInterrupts	인터럽터 동작 금지
비트 및 바이트	bit	특정 비트의 값을 계산
	bitClear	설정한 변수의 비트 위치를 값을 0 설정
	bitRead	설정한 변수의 비트 위치의 값을 읽기
	bitSet	설정한 변수의 비트 위치의 값을 1 설정
	bitWrite	설정한 변수의 비트 위치의 값을 설정한 값(0, 1) 설정
	highByte	워드 크기의 변수에서 상위 바이트 추출
	lowByte	워드 크기의 변수에서 하위 바이트 추출
통신	Serial	시리얼 통신에 사용
고급 입출력	tone	설정한 주파수의 구형파 발생
	noTone	tone에 의해 시작된 구형파 발생을 중지
	pulseIn	입력된 펄스 신호의 ON/OFF 시간 계측(최소 10us / 최대 3min)
	shiftIn	비트 단위의 입력 데이터를 바이트 단위로 변환
	ShiftOut	바이트 단위의 데이터를 비트 단위의 출력으로 변환

4) 프로그램 작성에 사용하는 연산자

[표 1-6]에 아두이노에서 사용 가능한 연산자의 종류와 사용법을 나타내었다.

[표 1-6] 아두이노에서 사용 가능한 연산자의 종류와 사용법

<table>
<tr><th>분류</th><th>연산자</th><th>의미</th><th>예제</th><th>결과</th></tr>
<tr><td rowspan="7">산술연산
A = 7
B = 5
일 때 연산 결과를
구하는 예제</td><td>+</td><td>더하기</td><td>Y = A + B;</td><td>Y = 12</td></tr>
<tr><td>-</td><td>빼기</td><td>Y = A - B;</td><td>Y = 2</td></tr>
<tr><td>*</td><td>곱하기</td><td>Y = A * B;</td><td>Y = 35</td></tr>
<tr><td>/</td><td>나누기</td><td>Y = A / B;</td><td>Y = 1</td></tr>
<tr><td>%</td><td>나머지</td><td>Y = A % B;</td><td>Y = 2</td></tr>
<tr><td>++</td><td>+1</td><td>Y = A++;</td><td>Y = 8</td></tr>
<tr><td>--</td><td>-1</td><td>Y = B--;</td><td>Y = 4</td></tr>
<tr><td rowspan="6">관계연산
A = 7
B = 5
일 때 연산 결과를
구하는 예제</td><td>==</td><td>같다</td><td>A == B;</td><td>FALSE(0)</td></tr>
<tr><td>!=</td><td>같지 않다</td><td>A != B;</td><td>TRUE(1)</td></tr>
<tr><td>]</td><td>왼쪽이 크다</td><td>A] B;</td><td>TRUE(1)</td></tr>
<tr><td>[</td><td>왼쪽이 작다</td><td>A [B;</td><td>FALSE(0)</td></tr>
<tr><td>]=</td><td>왼쪽이 크거가 같다</td><td>A]= B;</td><td>TRUE(1)</td></tr>
<tr><td>[=</td><td>왼쪽이 작거나 같다</td><td>A [= B;</td><td>FALSE(0)</td></tr>
<tr><td rowspan="6">논리연산
boolean M0 = 1
boolean M1 = 0
일 때 연산 결과를
구하는 예제</td><td>&</td><td>AND</td><td>M0 & M1;</td><td>0</td></tr>
<tr><td>|</td><td>OR</td><td>M0 | M1;</td><td>1</td></tr>
<tr><td>!</td><td>NOT</td><td>!M0;</td><td>0</td></tr>
<tr><td>·</td><td>XOR</td><td>M0 · M1;</td><td>1</td></tr>
<tr><td>||</td><td>OR(관계 및 평가)</td><td>if((M0==1) || (M1==1))</td><td>1</td></tr>
<tr><td>&&</td><td>AND(관계 및 평가)</td><td>if((M0==1) && (M1==1))</td><td>0</td></tr>
<tr><td rowspan="5">할당연산
A = 7
B = 5
일 때 연산 결과를
구하는 예제</td><td>+=</td><td>더해서 할당</td><td>A += 2;</td><td>A = 9</td></tr>
<tr><td>-=</td><td>빼서 할당</td><td>B -= 2;</td><td>B = 3</td></tr>
<tr><td>*=</td><td>곱해서 할당</td><td>A *= 2;</td><td>A = 14</td></tr>
<tr><td>/=</td><td>나누어서 할당</td><td>A /= 2;</td><td>A = 3</td></tr>
<tr><td>%=</td><td>나눈 나머지 할당</td><td>A %= 2;</td><td>A = 1</td></tr>
<tr><td rowspan="3">비트 연산
A = B11001100</td><td>[[</td><td>좌측으로 이동</td><td>Y = A [[2;</td><td>Y = 00110000</td></tr>
<tr><td>]]</td><td>우측으로 이동</td><td>Y = A]] 2;</td><td>Y = 00110011</td></tr>
<tr><td>~</td><td>1의 보수</td><td>Y = ~A;</td><td>Y = 00110011</td></tr>
</table>

5) 제어문

프로그램 실행은 프로그램의 시작부터 종료까지 순차적으로 실행하는 것을 기본으로 하지만 필요에 따라 프로그램의 흐름을 변경할 필요가 있을 때 사용하는 것이 제어문이다. 제어문의 종류를 [표 1-7]에 나타내었다.

[표 1-7] 제어문의 종류 및 내용

제어문 명령어	내용
break	for, while 또는 do...while, switch case의 loop문을 강제 빠져나갈 때 사용
continue	for, while 또는 do...while의 반복을 실행 않고 loop문을 빠져나갈 때 사용
do...while	loop문으로 1번은 반드시 실행 후에 조건 테스트 후에 loop 실행 결정
else	if문에서 다중 테스트할 때 사용
for	for문은 중괄호로 둘러싸인 문의 블록을 반복할 때 사용
goto	프로그램 흐름을 지정한 라벨로 강제로 점프
if	조건을 체크하기 위한 제어문
return	함수에서 호출한 함수로 값을 반환
switch case	조건을 비교해서 같은 값이 있으면
while	조건식이 거짓일 때까지 반복

① if ~ else문과 if문 사용

if ~ else 및 if문은 [그림 1-7]처럼 조건에 따라 처리를 다르게 할 때 사용하는 제어문이다. if ~ else문은 조건문이 참과 거짓인 경우 모두 처리해야 할 일이 있는 경우에 사용하고 if문은 참인 경우에 처리해야 할 일이 있는 경우에 사용한다.

if(조건문) {
(조건이 참일 때 실행)
} else {
(조건이 거짓일 때 실행)
}
	if(조건문) {
	(조건이 참일 때 실행)
	}

(a) if ~ else문 사용	(b) if문 사용

[그림 1-7] if ~ else문과 if문 사용 방법

② 연속된 if ~ else와 switch ~ case문 사용

연속된 if ~ else문은 [그림 1-8]처럼 여러 조건 중에 성립되는 조건에 따라 각각 다른 처리를 하고자 하는 경우에 사용한다. switch ~ case문은 여러 개의 조건 중에 성립되는 조건을 선택해서 실행할 때 사용하는 제어문으로 연속된 if ~ else문과 비슷한 동작을 한다.

if(조건문 1) {
(조건문 1이 참일 때 실행)
} else if(조건문 2) {
(조건문 2가 참일 때 실행)
} else if(조건문 3) {
(조건문 3이 참일 때 실행)
else
(조건 성립이 되지 않을 때)
	switch(식)
	{
	case 값 1:
	(값이 1일 때 실행)
	break:
	case 값 2:
	(값이 2일 때 실행)
	break:
	…
	default :
	(값이 성립되지 않을 때 실행)
	}

(a) 연속된 if ~ else문 사용	(b) switch - case문 사용

[그림 1-8] 연속된 if ~ else문과 switch ~ case문 사용 방법

③ for문 사용

for문은 정해진 횟수만큼 실행을 반복할 때 사용하는 제어문이다. 사용 방법을 [그림 1-9]에 나타내었다.

for(int i=0; i[=10; i++) {
(조건이 성립할 때 실행)
}
	for(int i=0; i[=10; i++) {
	for(int j=0; j[=10; j++) {
	(조건이 성립할 때 실행)
	}
	}

(b) for문	(a) 2중 for문

[그림 1-9] for문과 다중 for문 사용 방법

④ while문과 do ~ while문 사용

while문은 어떤 조건이 성립하는 동안 반복 실행하는 제어문이고, do ~ while문은 조건 비교가 실행 동작 아래에 위치하고 있기 때문에 조건이 성립하지 않아도 1번은 무조건 실행되는 제어문이다. 사용 방법을 [그림 1-10]에 나타내었다.

while(조건) {
(조건이 참일 때 실행)
}
	do {
	(실행/조건이 참일 때 실행)
	} while(조건)

(b) while문 사용	(a) do ~ while문 사용

[그림 1-10] while문과 do ~ while문 사용 방법

4. 프로그램 작성 방법

(1) 프로그램의 구성

아두이노 프로그램 작성을 위해 필요한 연산자, 함수, 제어문 등을 살펴보았다. 이제부터 아두이노를 이용한 기본 프로그램 작성법을 학습해 보자. 아두이노 프로그램은 [프로그램 1-1]에 나타낸 것처럼 4개 부분으로 구분할 수 있다.

```
/* 전처리기와 헤더 파일 및 클래스 선언 */
#include [TM1638.h]              // 전처리기 및 헤더 파일
TM1638  module(3, 5, 6, 1, 4);          // 클래스 선언
#define LedPin 13                // 전처리기
```

```
/* 프로그램 사용할 전역변수 선언 */
boolean X0, X1, X2, X3, X4, X5, X6, X7;
boolean Y0, Y1, Y2, Y3, Y4, Y5, Y6, Y7;
boolean M0, M1, M2, M3, M4, M5, M6, M7;
```

```
/* 프로그램의 초기화 처리 */
void setup() {
    …
}
```

```
/* 메인 프로그램 */
void loop() {
    /* [메인 프로그램 작성 부분] */
}
```

```
/* 사용자 정의 함수 */
boolean InSignalRisingPulse(boolean *X, boolean *LX)
{
    …
}
```

[프로그램 1-1] 아두이노 프로그램 작성 형식

1) 전처리기와 헤더 파일 및 클래스 선언

전처리기는 프로그램의 시작이 특수문자 '#'으로 시작하고 프로그램을 컴파일 할 때 컴파일 전에 먼저 처리하라는 의미이다. 그리고 헤더 파일은 확장자 '.h'을 갖는 파일로 [TM1638.h]은 헤더 파일을 의미한다. 프로그램 실행에 필요로 할 때 해당 내용이 포함된다.

2) 전역변수 선언

프로그램 작성에 필요한 전역변수를 미리 선언해 둔다. 선언된 전역변수가 해당 실습 과제에 사용되지 않아도 나머지 실습 과제 해결에 필요한 전역변수이니 특별한 경우가 아니면 필자가 제시한 내용을 그대로 사용한 후에 어느 정도 프로그램에 대한 이해를 한 후에 전역변수의 내용을 독자들의 조건에 맞추어 변경해서 사용하면 된다.

3) void setup()

setup()은 아두이노 프로그램 실행에서 전원이 ON 될 때 또는 MCU가 리셋되어 아두이노가 동작할 때 처음 한 번만 실행해야 할 프로그램이 작성되는 부분이다. 기본적으로 실습에 사용하는 입출력 포트를 설정하는 프로그램이 작성되어 있다. 이 부분도 실습 과제의 조건에 따라 변경될 때 별도로 제시하기 때문에 별다른 언급이 없으면 첫 번째 실습 과제의 내용을 복사해서 사용하면 된다.

4) void loop()

loop()은 스캔마다 실행할 프로그램을 작성하는 영역이다. 아두이노의 프로그램을 PLC처럼 사용하기 위해 입력과 출력에 대한 입출력 메모리 리프레시를 위한 프로그램이 존재한다. 처음에는 입력과 출력 각각에 대해 리프레시를 하고 추후 필요로 할 때 입출력 각각에 대한 리프레시 부분이 추가된다. 교재의 실습 과제에 대한 프로그램은 "/* [메인 프로그램 작성 부분] */" 아랫부분에 작성해서 사용하면 된다.

5) 사용자 정의 함수

프로그램 실행에 필요한 별도의 함수가 있는 경우에 void loop()의 하단에 제시된다. 다양한 사용자 정의 함수가 제시되기 때문에 제시될 때마다 추가해서 사용하기 바란다.

(2) 프로그램 복사해서 붙여넣기 할 때 주의사항

프로그램을 작성할 때 필요에 따라서는 교재의 PDF 파일을 복사해서 붙여넣기 해서 아두이노로 업로드시키면 [그림 1-11]처럼 stary 342 에러가 발생하는 경우가 있다. stary 342의 경우에는 복사해서 붙여넣기 하는 과정에서 프로그램에서 사용한 특수문자의 코드 값이 다른 경우에 발생하는 에러이다. [그림 1-11]은 “SwitchPushCnt”을 둘러싼 따옴표의 코드에 문제가 발생했기 때문에 발생한 에러이다. 에러가 발생한 프로그램 라인에 특수문자가 사용되었다면 해당 특수문자를 IDE 환경에서 동일한 특수문자로 타이핑해서 변경하면 해당 에러를 해결할 수 있다.

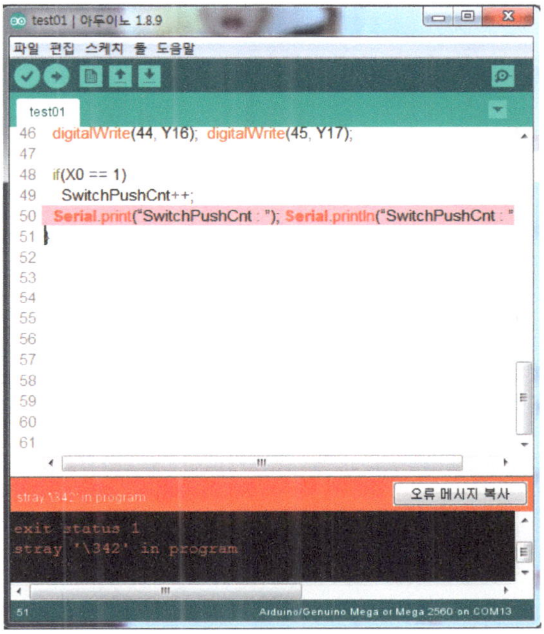

[그림 1-11] stary 342 에러 발생

PART II
아두이노 이더넷 통신

단원 소개

오픈소스의 대명사인 아두이노는 이더넷 통신을 할 수 있는 이더넷 실드를 제공한다. 국내 기업인 위즈넷(Wiznet)에서 개발한 이더넷 통신 전용 반도체인 Wiznet W5100을 장착한 이더넷 실드는 UDP와 TCP 통신이 가능한 4개의 소켓(socket)을 지원한다. 아두이노의 이더넷 실드의 사용법에 대해 살펴본다.

CHAPTER 01

스마트제조& 아두이노-PLC 통신 및 C# 프로그래밍

아두이노 이더넷 통신

학습 목표

1. 아두이노 이더넷 실드를 사용할 수 있다.
2. 아두이노 이더넷 실드를 사용하여 이더넷 통신 시스템을 구성할 수 있다.
3. 이더넷 통신 방식에 대해 설명할 수 있다.
4. TCP와 UDP 통신 프로그램을 작성할 수 있다.

1. 아두이노의 UDP 통신

아두이노의 이더넷 실드는 UDP와 TCP 통신으로 동시에 4개의 소켓 사용이 가능하다. 우리는 UDP 통신을 사용하여 원거리에서 아두이노의 입출력을 제어하는 방법에 대해 살펴보자.

(1) 아두이노 UDP를 사용한 데이터 송수신 프로그램

아두이노와 이더넷 실드를 사용하여 UDP 통신을 통한 송수신 프로그램에 대해 살펴보자. 아두이노는 오픈소스이기 때문에 필요로 하는 기능 프로그램을 직접 작성하는 경우도 있지만 많은 경우에는 오픈소스 형태로 제공되는 각종 라이브러리를 사용해서 필요로 하는 기능의 프로그램을 편집하는 형태로 작성한다. UDP를 사용한 아두이노 송수신 프로그램에 대해 살펴보자.

1) 아두이노 UDP를 사용한 수신 프로그램

```
#include <SPI.h>          // W5100 실드 보드와 통신을 위한 라이브러리
#include <Ethernet.h>     // W5100 실드 보드의 이더넷 통신용 라이브러리
#include <EthernetUdp.h> // W5100 실드 보드의 UDP 통신 라이브러리

#define UDP_RECEIVE_BUFFER_SIZE  10 // 아두이노 수신 메모리 크기 설정(10Byte)
byte mac<> = {0xDE, 0xAD, 0xBE, 0xEF, 0xFE, 0xED}; // W5100실드 MAC 어드레스
IPAddress ip(192, 168, 3, 100);                    // 자국 IP
unsigned int localPort = 10000;                     // 자국 포트번호
```

```
EthernetUDP Udp;        // UDP 통신을 위한 객체를 “udp”로 선언
byte packetBuffer<UDP_RECEIVE_BUFFER_SIZE>; //수신 데이터 저장용 버퍼 크기 설정
void setup() {
  Ethernet.begin(mac, ip);     // W5100에 MAC 어드레스 및 IP 할당
  Udp.begin(localPort);        // UDP 소켓 생성
  Serial.begin(9600);
}

void loop() {
  int packetSize = Udp.parsePacket(); // 수신한 데이터가 있다면
  if (packetSize) {                   // 수신한 데이터 수만큼 데이터를 수신
    memset(packetBuffer, 0, UDP_RECEIVE_BUFFER_SIZE); // 수신 버퍼 클리어
    Udp.read(packetBuffer, UDP_RECEIVE_BUFFER_SIZE);  // 데이터 수신
    Serial.print(“RCV DATA : “);
    Serial.print(packetBuffer<0>, HEX);  Serial.print(‘ ’);
    Serial.print(packetBuffer<1>, HEX);  Serial.print(‘ ’);
    Serial.print(packetBuffer<2>, HEX);  Serial.print(‘ ’);
    Serial.print(packetBuffer<3>, HEX);  Serial.print(‘ ’);
    Serial.print(packetBuffer<4>, HEX);  Serial.print(‘ ’);
    Serial.print(packetBuffer<5>, HEX);  Serial.print(‘ ’);
    Serial.print(packetBuffer<6>, HEX);  Serial.print(‘ ’);
```

```
    Serial.print(packetBuffer<7>, HEX);  Serial.print(' ');
    Serial.print(packetBuffer<8>, HEX);  Serial.print(' ');
    Serial.println(packetBuffer<9>, HEX);
  }
}
```

[프로그램 2-1] 아두이노 UDP 수신 프로그램

[프로그램 2-1]를 살펴보면 이더넷 실드 보드와 SPI 통신을 위한 라이브러리와 이더넷 통신 라이브러리 그리고 UDP 통신을 위한 라이브러리가 선언되어 있다. 7 그리고 이더넷 실드 보드에는 고정된 맥 어드레스가 할당되어 있지 않기 때문에 맥 어드레스를 설정하고, 이더넷 통신을 위한 IP와 포트 번호를 설정한다.

setup() 함수에서 이더넷 실드에 맥 어드레스와 IP를 할당하고, UDP 소켓을 생성하면서 해당 소켓의 포트 번호를 설정한다.

loop() 함수에서는 외부 기기로부터 데이터가 수신되면 수신용 메모리를 클리어한 후에 소켓 버퍼 메모리로부터 수신한 데이터를 수신용 메모리로 읽어 온다. 이때 수신 메모리 크기가 10바이트로 설정했기 때문에 최대 10바이트 크기의 문자열 또는 바이너리 값을 수신할 수 있다.

수신한 데이터를 시리얼 모니터 창을 통해서 16진수 형태로 모니터링한다.

2) 아두이노 UDP를 사용한 송신 프로그램

송신 프로그램은 송신을 위한 조건이 만족될 때 송신용 메모리에 설정한 값을 상대 기기로 송신한다.

```
#include <SPI.h>            // W5100 실드 보드와 통신을 위한 라이브러리
#include <Ethernet.h>       // W5100 실드 보드의 이더넷 통신용 라이브러리
#include <EthernetUdp.h> // W5100 실드 보드의 UDP 통신 라이브러리
byte mac<> = {0xDE, 0xAD, 0xBE, 0xEF, 0xFE, 0xED}; // MAC 어드레스
IPAddress ip(192, 168, 3, 100);                  // 자국 IP
unsigned int localPort = 10000;            // 자국 포트 번호
```

```
IPAddress sendip(192, 168, 3, 50);     // 통신할 상대 기기 IP
unsigned int sendPort = 10000;         // 통신할 상대 기기 포트 번호
EthernetUDP Udp;  // UDP 통신을 위한 객체를 "udp"로 선언
char sendMessage<> = "Hello PLC World"; // 상대 기기로 전송할 문자열 데이터
boolean X0, LX0, EGX0;            // 입력 신호 상승 펄스 처리 변수 선언
void setup() {    // 초기화
  Ethernet.begin(mac,ip);            // W5100에 MAC 어드레스 및 IP 할당
  Udp.begin(localPort);              // UDP 소켓 생성
  pinMode(2, INPUT);
}
```

```
void loop() {
  X0 = digitalRead(2);                          // 입력 신호 리프레시
  EGX0 =  InSignalRisingPulse(&X0, &LX0);       // 입력 신호 상승 펄스 처리
  if(EGX0 == 1)        // X0 버튼이 눌러질 때 상대 기기로 문자열 송신
  {
  Udp.beginPacket(sendip,sendPort); // 통신할 상대 기기의 IP 및 포트 번호 설정
  Udp.write(sendMessage);           // 메시지 송신
  Udp.endPacket();                   // 송신 종료
  }
}
// 입력 신호의 상승 펄스 처리 함수
boolean InSignalRisingPulse(boolean *X, boolean *LX)
{
  static boolean EGR;
  if((*X == 1) && (*LX == 0))
    EGR = 1;
  else
    EGR = 0;
  *LX = *X;
  return EGR;
}
```

[프로그램 2-2] 아두이노 UDP 송신 프로그램

[프로그램 2-2]를 살펴보면 아두이노 포트 2번을 입력 포트로 선언한 후에 푸시 버튼을 풀다운 형태로 연결한 후에 해당 푸시 버튼이 눌러질 때마다 사전에 설정된 문자열 "Hello PLC World"를 송신하게 된다.

[그림 2-1]은 푸시 버튼의 풀다운 저항을 사용한 회로를 나타낸 것이다. 그림에서 Vcc는 +5Vdc에 연결되고, Vout은 아두이노 2번 포트에 연결된다. 그리고 R1은 10K Ω의 저항을 사용한다.

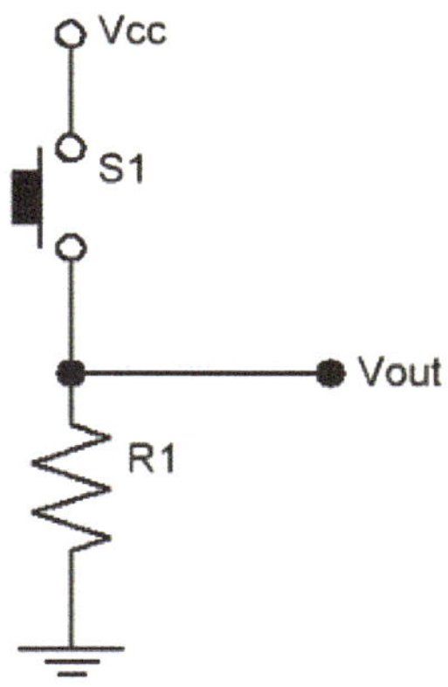

[그림 2-1] 풀다운 저항

푸시 버튼을 풀다운 저항을 사용하면 아두이노 2번 포트에는 평상시 0Vdc 전원이 입력되고 푸시 버튼이 눌러질 때 +5Vdc의 전원이 인가된다.

아두이노의 프로그램은 무한히 반복되는 형태로 처리된다. 따라서 입력 신호는 ON과 OFF 이외에 [그림 2-2]처럼 상승과 하강 펄스 신호를 포함하여 4종류로 구분한다.

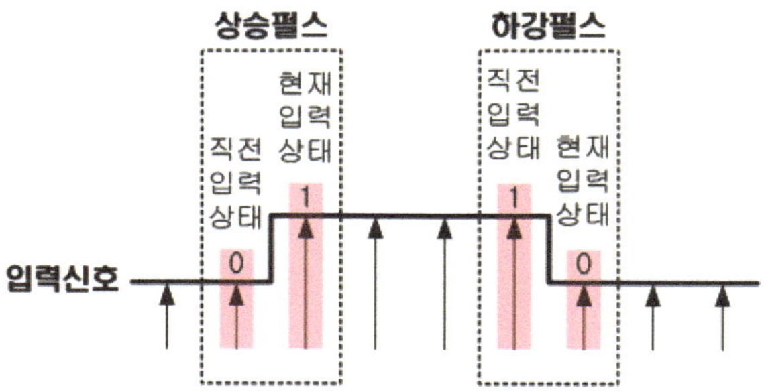

(a) 상승과 하강 펄스 신호 판별

이전 상태: 0
현재 상태: 1

(b) 상승 펄스 신호 표현

이전 상태: 1
현재 상태: 0

(c) 하강 펄스 신호 표현

[그림 2-2] 상승과 하강 펄스 신호 판별하는 방법

상승과 하강 펄스 신호를 구분하기 위해서는 [그림 2-2]처럼 입력 신호의 이전 상태와 현재 상태를 비교해야 한다. [프로그램 2-3]에서는 입력 신호의 상승 펄스를 만들기 위해 "InSignalRisingPulse" 명칭을 가진 사용자 함수를 사용하고 있다. 해당 함수의 동작을 살펴보면 현재의 입력과 직전의 입력 상태를 기억하고 있는 메모리의 값을 전달받아 비교를 통해서 직전 입력 상태가 0이고 현재 입력 상태가 1일 때 상승 펄스 신호 EGR의 메모리의 값을 1로 설정한다.

2. 아두이노의 TCP 통신

아두이노의 이더넷 실드는 UDP와 TCP 통신으로 동시에 4개의 소켓 사용이 가능하다. 이더넷의 TCP 통신을 사용하여 아두이노의 입출력을 제어하는 방법에 대해 살펴보자.

1) 아두이노 TCP 서버 프로그램

```
include <SPI.h>          // 아두이노와 이더넷 실드 간 SPI 통신
#include <Ethernet.h>    // 이더넷 통신용
#define TCP_RECEIVE_BUFFER_SIZE  10  // 아두이노 수신 메모리 크기 설정(10Byte)
byte mac<> = {0xDE, 0xAD, 0xBE, 0xEF, 0xFE, 0xED};  // 아두이노 MAC 주소
byte ip<> = {192,168,3,100};           // 아두이노 IP
EthernetServer server(10000);          // 이두이노 포트 번호
byte packetBuffer<TCP_RECEIVE_BUFFER_SIZE>;    // 수신용 버퍼 설정
void setup() {
  Ethernet.begin(mac, ip);
  server.begin();
  Serial.begin(9600);
}
void loop()   {
  EthernetClient client = server.available(); // 클라이언트의 접속 요청 검사
  if (client) {                                  // 클라이언트의 요청이 있다면
    while (client.connected()) {         // 클리어언트와 접속이 완료되면
      if (client.available()) {         // 클라이언트로부터 수신 데이터 검사
        memset(packetBuffer, 0,  TCP_RECEIVE_BUFFER_SIZE);     // 버퍼 클리어
        client.read(packetBuffer,  TCP_RECEIVE_BUFFER_SIZE); // 데이터 복사
        Serial.print(packetBuffer<7>, HEX);  Serial.print(' ');
        Serial.print(packetBuffer<8>, HEX);  Serial.print(' ');
 Serial.print("RCV DATA : ");
        Serial.print(packetBuffer<0>, HEX);  Serial.print(' ');
        Serial.print(packetBuffer<1>, HEX);  Serial.print(' ');
        Serial.print(packetBuffer<2>, HEX);  Serial.print(' ');
        Serial.print(packetBuffer<3>, HEX);  Serial.print(' ');
```

```
        Serial.print(packetBuffer〈4〉, HEX);  Serial.print(' ');
        Serial.print(packetBuffer〈5〉, HEX);  Serial.print(' ');
        Serial.print(packetBuffer〈6〉, HEX);  Serial.print(' ');
        Serial.println(packetBuffer〈9〉, HEX);
        }
      }
    client.stop();    // 클라이언트와 접속 해제
  }
}
```

[프로그램 2-3] 아두이노 TCP 서버용 프로그램

PART Ⅲ

FX5U PLC

01. FX5U PLC

단원 소개

MELSEC iQ-F 시리즈인 FX5U PLC는 기존의 초소형 PLC MELSEC-F 시리즈의 개량형으로 기본 성능 향상, 구동 기기와의 연계, 프로그래밍 환경이 개선된 4차 산업에 대응하기 위해 개발된 PLC이다. 아두이노와 이더넷 통신으로 IoT 구현을 할 수 있도록 PLC 본체에 이더넷 통신 포트가 내장되어 있다. FX5U PLC의 특징과 기능에 대해 살펴보자.

CHAPTER 01

스마트제조& 아두이노-PLC 통신 및 C# 프로그래밍

FX5U PLC

학습 목표

1. FX5U PLC에 대해 설명할 수 있다.
2. FX5U PLC가 가지고 있는 기능을 설명할 수 있고 사용할 수 있다.
3. FX5U PLC의 이더넷 통신을 위한 파라미터 설정을 할 수 있다.
4. FX5U PLC의 이더넷 통신용 프로그램을 작성할 수 있다.

1. FX5U PLC 살펴보기

MELSEC IQ-F 시리즈는 스마트 팩토리 구현을 위해 필요로 하는 MES[1]와 ERP[2]을 구현하기 위해 자동화 산업 현장에서 사용하는 PLC, HMI, 엔지니어링 환경, 네트워크를 통합 및 연계하기 위해 미쓰비시가 제시한 iQ Platform이 탑재된 PLC이다. IQ-F 시리즈는 FX5U 타입과 FX5UC 타입으로 구분되는데 교재에서는 [그림 3-1]에 나타낸 FX5U를 사용한다.

1 Manufacturing Execcution System의 약자로 우리말로 번역하면 제조 실행 시스템이라 한다. 생산 현장에서 발생하는 각종 데이터를 수집하고 분석하여 모니터링, 제어, 물류의 추적, 제조 상태 파악, 불량 관리를 하기 위한 IT를 기반으로 하는 시스템이다.

2 Enterprise Resource Planning의 약자로 전사적 자원 관리라고 한다. 기업 업무의 처리 과정에 발생하는 각종 데이터를 데이터베이스로 구축해서 자금, 회계, 구매, 생산, 판매 등 모든 정보를 실시간으로 파악하고 공유하여 기업의 업무 효율을 높이기 위한 IT 시스템을 의미한다.

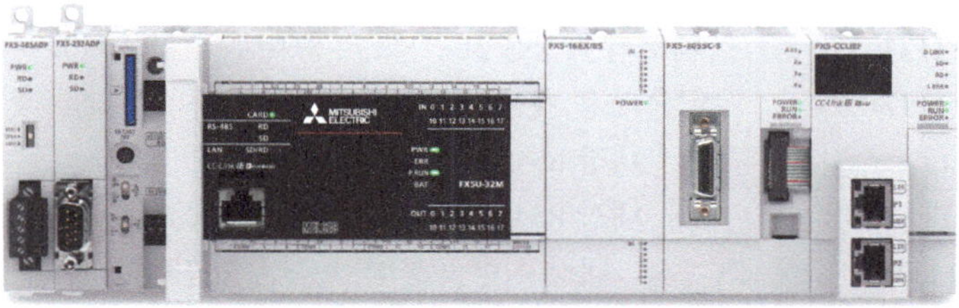

(a) FX5U 외형 및 확장 모듈 설치 모습

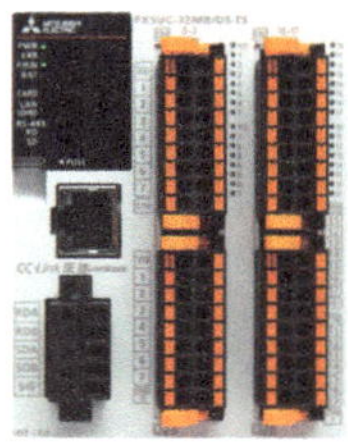

(b) FX5UC 외형

[그림 3-1] FX5U PLC 외형

(1) FX5U PLC의 기능 살펴보기

FX5U PLC에는 다양한 기능이 내장되어 있는데 기본적으로 디지털 입출력 각각 16점, 아날로그 입력 2채널, 아날로그 출력 1채널, 고속 펄스 입출력, 이더넷(Ethernet) 통신 포트, RS485 통신 포트(MODBUS 프로토콜 지원), SD 메모리카드 슬롯을 표준으로 탑재하고 있다. 내장된 이더넷 포트는 미쓰비시의 이더넷 필드버스인 CC-Link IE 필드 네트워크 베이직(Basic) 기능을 지원하기 때문에 CC-Link IE가 지원되는 리모트 I/O 모듈을 사용할 수 있다. 사용자의 프로그램 및 프로그램 실행에 사용되는 각종 데이터는 메모리 배터리 백업(back-up) 없이 사용할 수 있는 플래시 메모리에 저장된다. FX5U PLC의 외형과 기능에 대해 [표 3-1]과 [표 3-2]에 나타내었다.

[표 3-1] FX5U PLC의 외형 도습과 기능

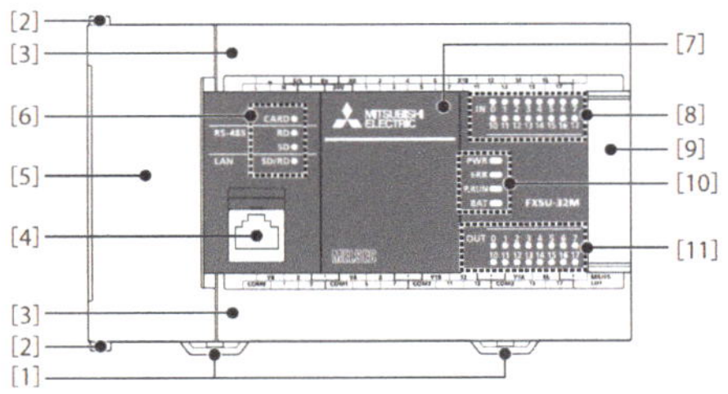

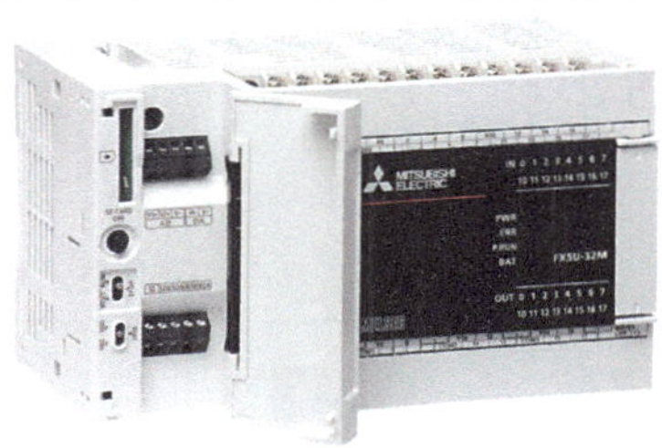

번호	명칭	기능
(1)	DIN 레일 고정용 고리	DIN 레일 고정할 때 사용
(2)	확장 모듈 고정용 걸고리	확장 모듈을 설치할 때 고정 역할을 하는 걸고리
(3)	단자대 커버	
(4)	내장 이더넷 통신 포트	
(5)	커버	

(6)	동작 상태 LED	CARD LED	메모리 확장용 SD 카드 사용 여부 확인용 LED
		CARD LED	점등: 사용 가능 , 점멸: 준비 중 , 소등: 카드 없음
		RD LED	내장 RS485 통신 데이터 수신 중 점등
		SD LED	내장 RS485 통신 데이터 송신 중 점등
		SD/RD LED	내장 이더넷 통신 송수신 중 점등
(7)	확장 보드 커버		확장 보드 및 배터리 장착 커넥터 보호용 커버
(8)	입력 표시 LED		입력 포트의 ON/OFF 상태를 표시하는 LED
(9)	증설 커넥터 커버		증설 유니트를 사용할 때 연결하는 커넥터 보호 커버
(10)	PWR LED		PLC 전원 ON 상태
(11)	ERR LED		PLC 에러 발생 LED
	P.RUN LED		PLC RUN 모드일 때 점등 / STOP모 드일 때 소등
	BAT LED		배터리 알람 LED
	출력 표시 LED		출력 포트의 ON/OFF 상태를 표시하는 LED

FX5U PLC는 PLC을 정면에서 봤을 때 좌측 측면에는 확장 어댑터(Expansion adapters), 우측 측면에는 다양한 확장 모듈을 증설해서 사용할 수 있다. [표 3-2]에 증설 가능한 모듈의 조합을 나타내었다. 본체의 정면 가운데 위치한 확장 보드 커버를 제거하면 [표 3-1]의 (7)과 (9)번의 위치에 확장 보드를 설치할 수 있는 커넥터와 배터리의 설치 공간이 위치하고 있다. FX5U 본체의 좌측에는 통신 모듈과 아날로그 모듈을 확장해서 사용할 수 있고, 우측으로는 입출력과 인텔리전트 기능 모듈을 확장해서 사용할 수 있다. 그리고 버스 컨버터 모듈을 사용하면 기존에 사용하던 FX3 시리즈 PLC에서 사용했던 인텔리전트 기능 모듈을 사용할 수 있다. FX5U PLC의 본체에 확장 모듈을 사용하는 경우에는 해당 매뉴얼을 참고해서 설치한다.

[표 3-2] FX5U PLC의 확장 모듈 장착 위치 및 기능

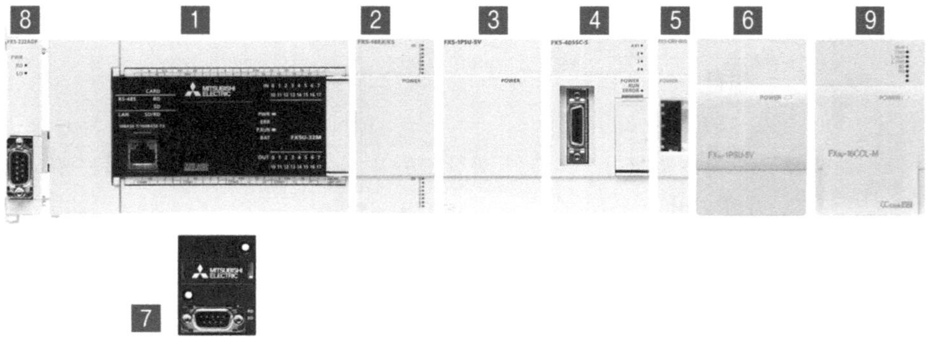

구분	명칭	내용
1	FX5U PLC 본체	CPU, 전원, 입출력, 프로그램 메모리를 내장한 PLC 본체
2	I/O 유닛	입출력을 증설하기 위한 모듈(입출력 최대 점수는 256점)
3	전원 유닛	본체 내장 전원이 부족할 경우 증설하는 유닛
4	인텔리전트 기능 유닛	입출력 이외의 특수한 기능 수행 유닛
5	버스 변환 유닛	FX3의 증설 유닛을 사용하기 위한 데이터 버스 변환 유닛
6	FX3 증설 전원 유닛	본체 내장 전원이 부족한 경우 FX3의 증설 유닛에 전원 공급
7	확장 보드	본체의 전면에 기능 확장을 위해 장착하는 보드
8	확장 어댑터	본체 왼쪽에 접속하는 기능 확장을 위한 어댑터
9	FX3 인텔리전트 기능 유닛	FX3에서 사용하는 인텔리전트 기능 유닛

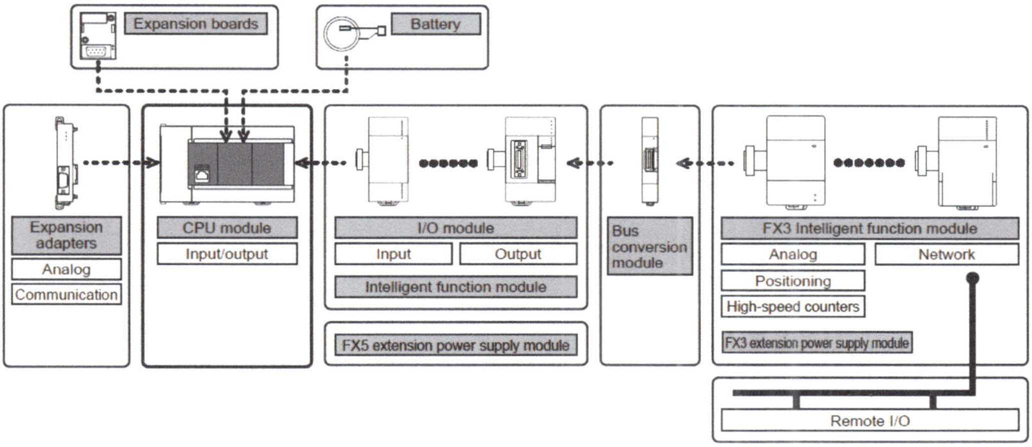

[그림 3-2] FX5U PLC의 확장 모듈의 종류 및 설치 위치

(2) 입력 포트 결선 방법

1) 스위치 결선 방법

FX5U PLC의 입력은 [그림 3-3]처럼 싱크와 소스 결선 방법 중에서 선택해서 사용할 수 있다.

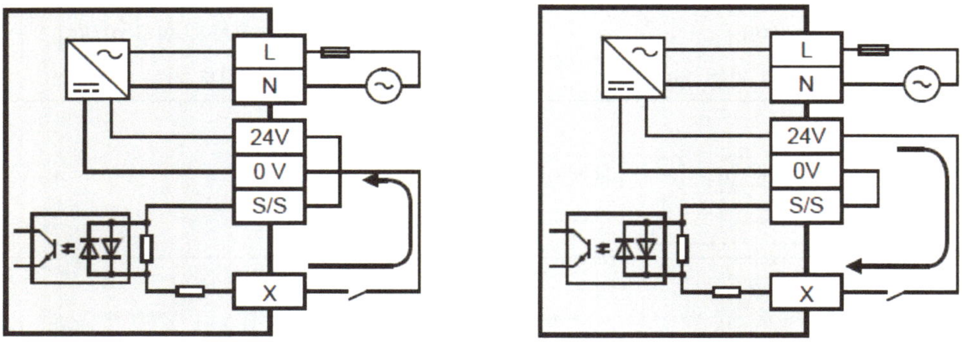

(a) 싱크 입력 결선

(b) 소스 입력 결선

[그림 3-3] 싱크와 소스 입력 결선 방법

싱크 입력 결선을 살펴보면 S/S 단자에는 +24Vdc가 연결되고, 스위치의 COM에는 0Vdc가 연결된다. 소스 입력 결선은 S/S 단자에 0Vdc, 스위치 COM에는 +24Vdc가 연결된다.

2) 디지털 센서 연결 방법

디지털 센서는 NPN 타입과 PNP 타입으로 구분된다. PLC의 입력에 NPN 타입과 PNP 타입의 센서 연결 방법은 [그림 3-4]와 같다.

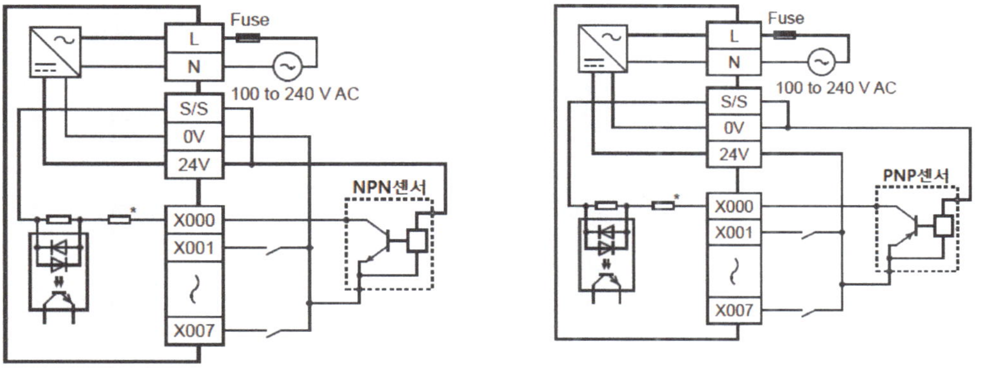

(a) NPN 센서 결선 방법 (b) PNP 센서 결선 방법

[그림 3-4] NPN과 PNP 센서의 결선 방법

(3) 출력 포트 결선 방법

FX5u PLC의 출력은 릴레이 출력과 TR 출력으로 구분되고 TR 출력은 NPN 출력과 PNP 출력으로 구분된다. 그리고 출력은 4개 또는 8개의 출력이 하나의 COM 단자에 연결되어 있는 구조이다.

① 릴레이 출력 결선 방법

릴레이 출력은 COM을 구분하여 사용하면 AC 전원과 DC 전원의 부하를 동시에 사용할 수 있다. 릴레이를 사용하기 때문에 빈번한 ON/OFF가 반복되면 접점이 마모로 인한 고장이 발생할 수 있다.

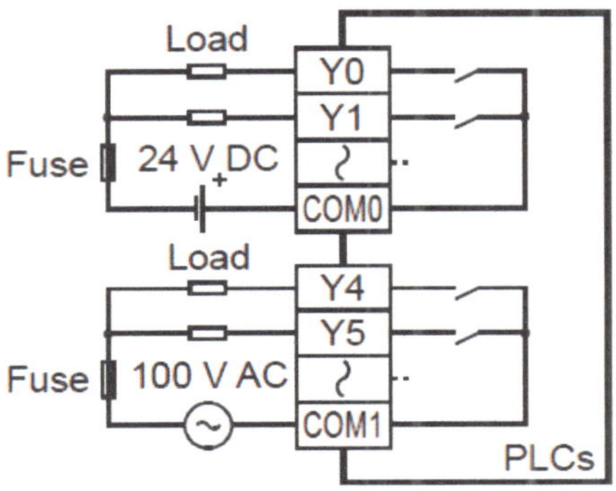

[그림 3-5] 릴레이 출력 AC/DC 결선 방법

② 트랜지스터 출력 결선 방법

트랜지스터 출력은 NPN과 PNP로 구분되어 있고, NPN은 싱크 결선 방식, PNP는 소스 결선 방법이 사용된다.

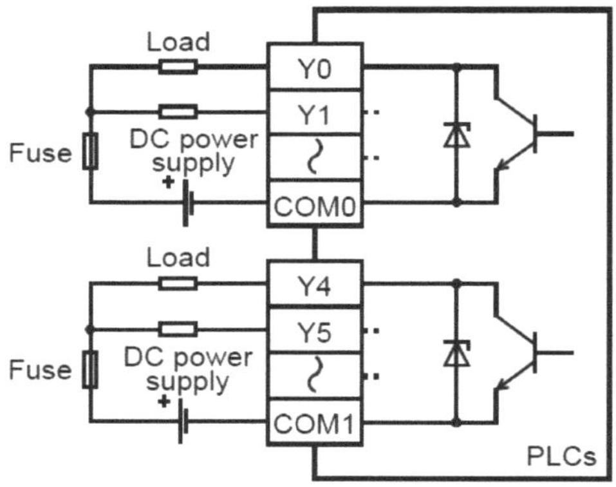

(a) NPN 출력 모듈의 싱크 방식 결선

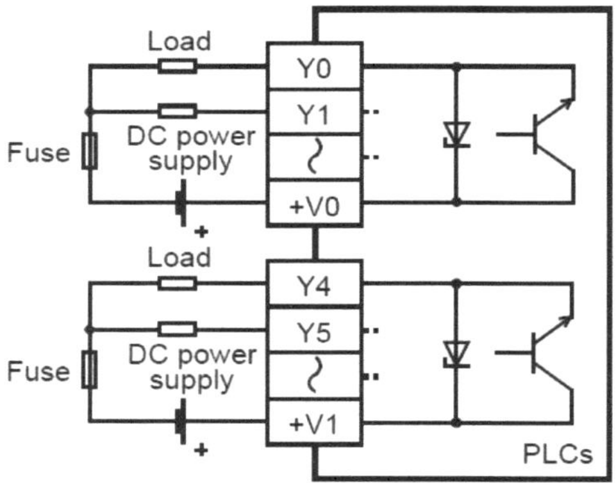

(b) PNP 출력 모듈의 소스 방식 결선

[그림 3-6] 트랜지스터 출력 결선 방법

(4) 아날로그 입출력 결선 방식

FX5U PLC의 아날로그 입출력 결선 방식은 [그림 3-7]과 같다.

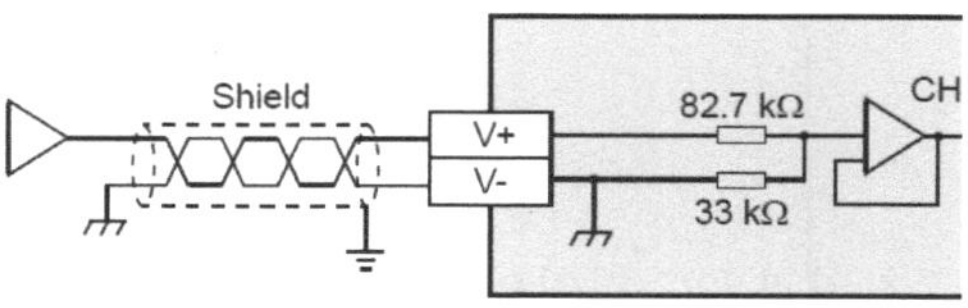

(a) 아날로그 입력 결선

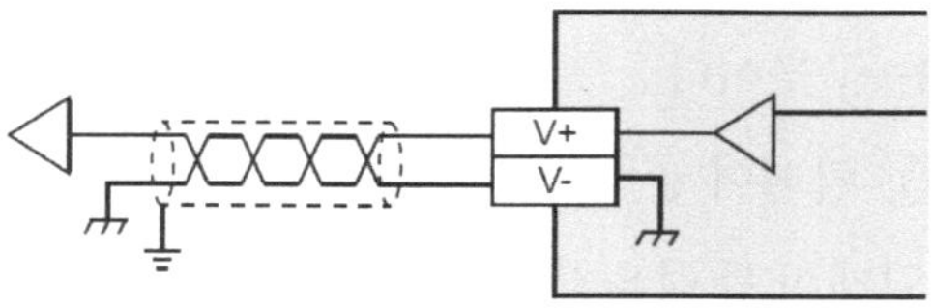

(b) 아날로그 출력 결선

[그림 3-7] 아날로그 입출력 결선 방법

2) FX5U PLC의 통신 사양

FX5U PLC의 본체는 이더넷 통신과 RS-485 통신 기능을 내장하고 있어 아두이노와 RS-485 통신을 사용해서 모드버스 프로토콜 통신이 가능하다. 내장된 이더넷 통신의 통신 사양을 [표 3-3]에 나타내었다.

[표 3-3] 내장 이더넷 통신 사양

항목		사양
데이터 전송 속도		100/10Mbps
통신 모드		전이중/반이중
인터페이스		RJ45 커넥터
전송 방법		베이스밴드
최대 연결 통신선 길이		100m
대응 프로토콜		CC-Link IE 필드 네트워크 Basic
		MELSOFT 접속
		SLMP(3E 프레임)
		소켓 통신
		통신 프로토콜 지원
		FTP 서버
커넥션 수		총 8 커넥션
허브		100BASE-TX/T포트
회로 절연		펄스 트랜스 절연
IP 어드레스		초깃값 192.168.3.250
사용 케이블	100BASE-TX	카테고리 5 이상(STP 케이블)
	10BASE-T	카테고리 3 이상(STP 케이블)

[표 3-3]에서 대응 프로토콜 항목을 살펴보면 FX5U PLC의 이더넷 통신으로 지원 가능한 통신 방식은 6종류이고 커넥션이 가능한 소켓의 개수는 최대 8개이다.

[표 3-4] PLC의 이더넷 통신을 위한 프로젝트 새로 만들기 및 IP 설정 순서

실행 순서	실행 내용	작업화면
1	GX Works3에서 프로젝트 만들기 ① Project 메뉴를 클릭 ② New를 클릭 ③ FX5U PLC의 선택을 확인 ④ OK 버튼을 클릭한다.	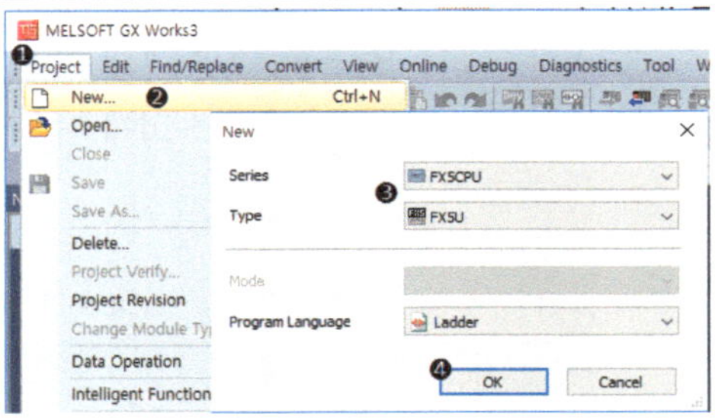
2	FX5U PLC에서 옵션 모듈을 추가 추가할 별도의 모듈이 없기 때문에 ① OK 버튼을 클릭한다.	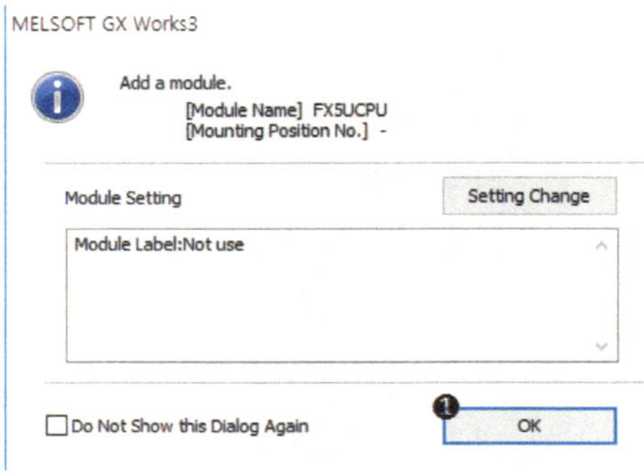
3	FX5U PLC ↔ PC와의 연결 방법 PLC와 PLC의 네트워크 연결 방법을 설정한다. FX5U PLC는 이더넷을 사용해서 PC와 연결된다. ① PC 화면 좌측 하단 Conn.... 탭을 클릭한다. ② PC 화면 상단의 Current Connection Destination에서 Connection을 더블클릭한다.	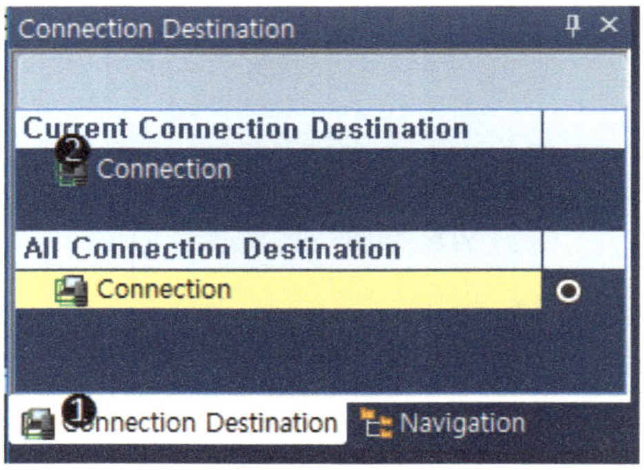
4	FX5U PLC ↔ PC와의 연결 방법 FX5U PLC에 할당된 IP를 모를 경우에는 PC와의 직접 연결을 선택한다. ① Directly Connection to CPU 항목 클릭한다.	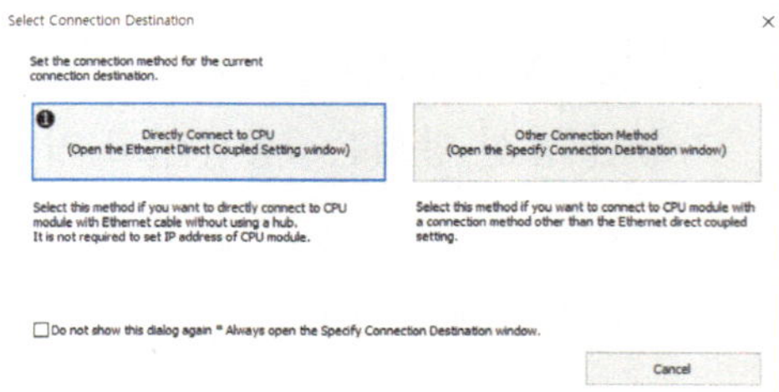

<table>
<tr><td>5</td><td>FX5U PLC ↔ PC와의 연결 방법
PC와 FX5U PLC와 이더넷 케이블로 연결한 후에 연결 확인을 한다.
① Communication test 버튼을 클릭
② 연결 메시지 확인 버튼 클릭
③ OK 버튼을 클릭한다.</td><td>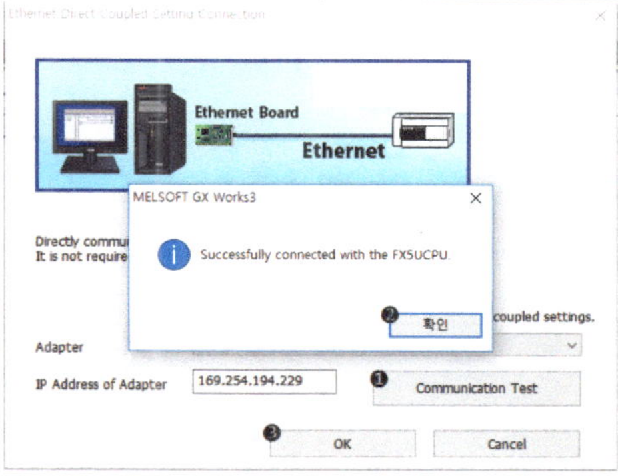</td></tr>
<tr><td>6</td><td>PLC의 IP 설정 메뉴 선택
PLC의 IP를 설정하기 위한 메뉴를 선택한다.
① GX Works3의 화면 좌측 하단에서 Navigation 탭을 클릭한다.
② FX5UCPU을 폴더를 열어서 Ethernet Port를 더블클릭한다.</td><td>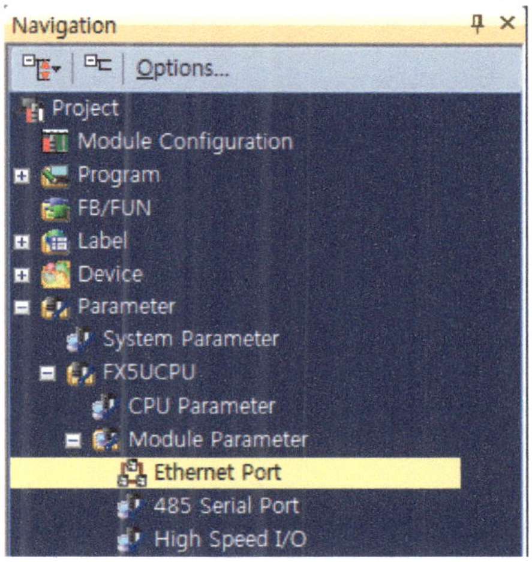</td></tr>
<tr><td>7</td><td>PLC IP 설정
FX5U PLC의 이더넷 통신을 위한 IP를 설정한다.
① IP와 서브넷 마스크를 설정한다.
IP: 192.168.3.200
Mask: 255.255.255.0
② 우측 제일 하단의 "Apply" 버튼을 클릭한다.</td><td>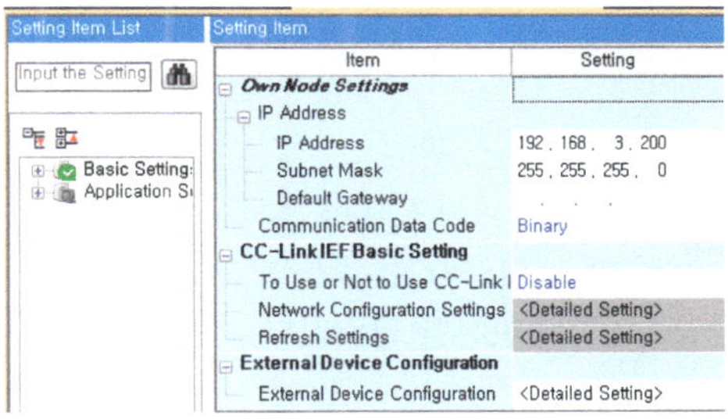</td></tr>
<tr><td>8</td><td>설정 파라미터 CPU에 쓰기
설정이 완료된 파라미터를 PLC에 쓰기
① Online 메뉴를 클릭
② Write to PLC...을 클릭</td><td>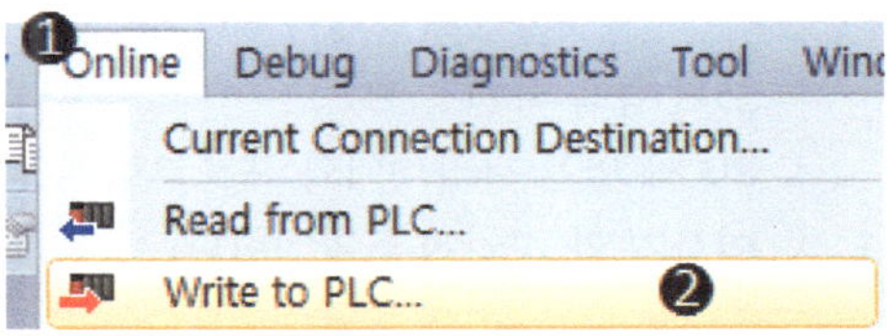</td></tr>
</table>

9

설정 파라미터 CPU에 쓰기

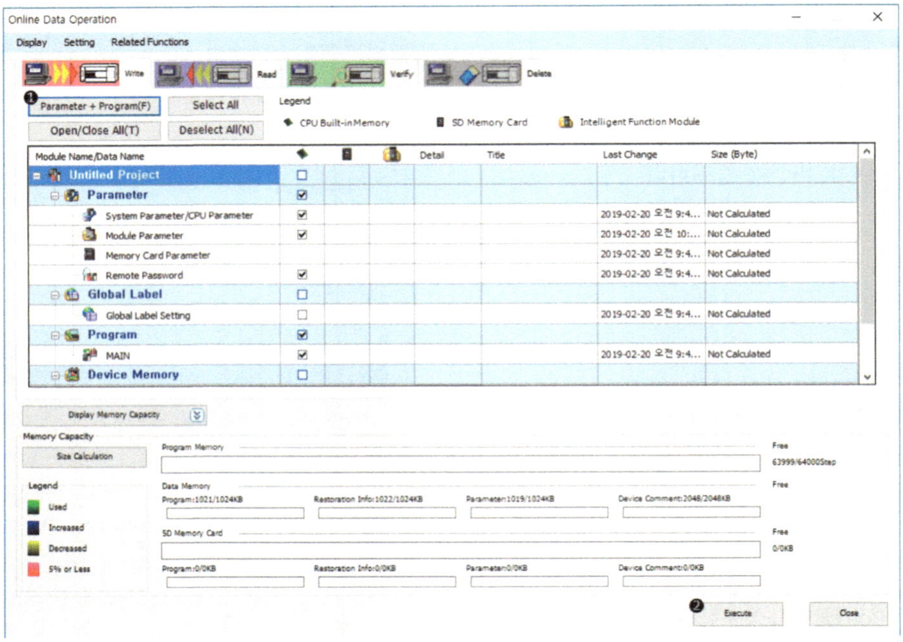

① Parameter + Program 버튼을 클릭하면 전송할 항목들에 체크 표시가 된다.
② Execute 버튼을 클릭하면 체크 항목들의 PLC CPU로 전송된다.

10

전송 조건 확인
PLC로 파라미터와 프로그램을 전송할 때 FX5U PLC를 스톱 모드로 전환한다.
① 예 버튼을 클릭한다.

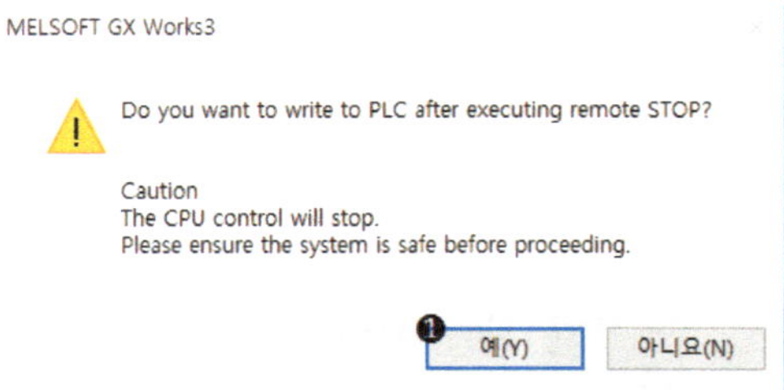

11

쓰기 항목 확인
PLC에 있는 파라미터와 프로그램에 덮어쓰기 할 것인지를 확인한다.
① Yes to all 버튼을 클릭한다.

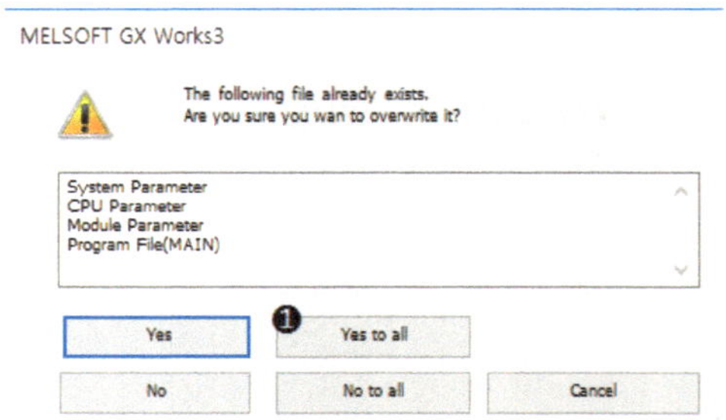

12	쓰기 파라미터와 프로그램을 PLC CPU에 쓰기하는 항목을 표시한다. 쓰기를 중지하려면 Cancel 버튼을 클릭한다.	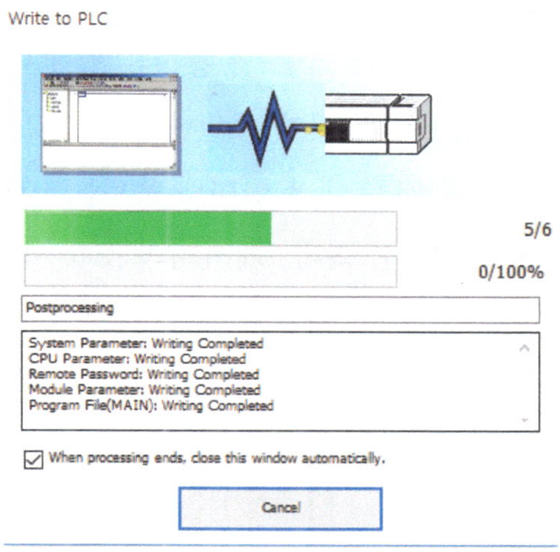
13	쓰기 완료 후 CPU 리셋 알림 PLC CPU에 쓰기한 파라미터가 적용되기 위해서는 반드시 CPU를 리셋해야 한다는 것을 알려주는 메시지 ① 확인 버튼을 클릭한다.	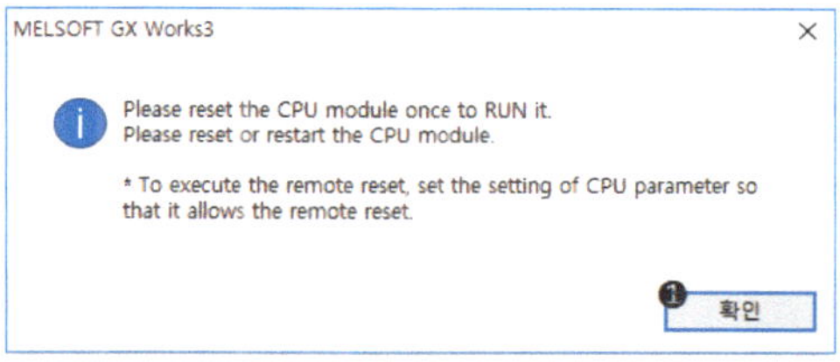
14	PLC CPU 리셋 FX5U PLC의 좌측 커버을 열고 리셋 버튼을 아래쪽 Reset 방향에 위치시키면 PLC 전면의 ERR 램프가 점멸되면 버튼을 위쪽 방향인 RUN에 위치시키면 리셋이 완료되면서 PLC 전면의 P.RUN 램프가 점등된다.	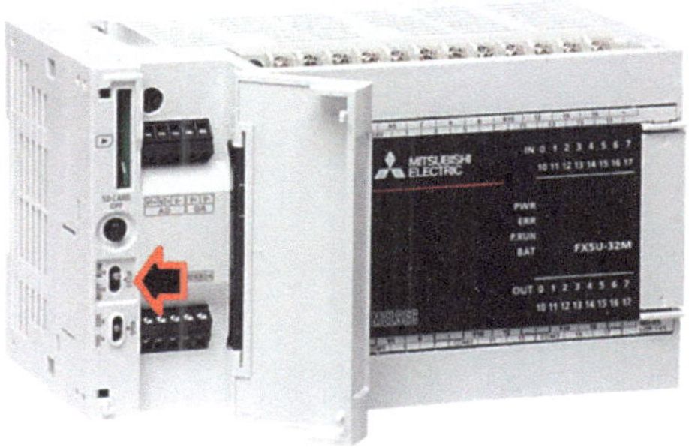

3) 소켓 통신

FX5U PLC의 소켓 통신은 앞에서 학습한 멜섹Q PLC의 CPU 내장 이더넷을 이용한 소켓 통신과 동일한 방식으로 통신이 이루어진다. 가장 큰 차이점은 멜섹Q PLC의 CPU 내장 이더넷 포트는 16개의 소켓 사용이 가능했지만 FX5U PLC는 [그림 3-8]처럼 최대 8개까지의 소켓 사용이 가능하다.

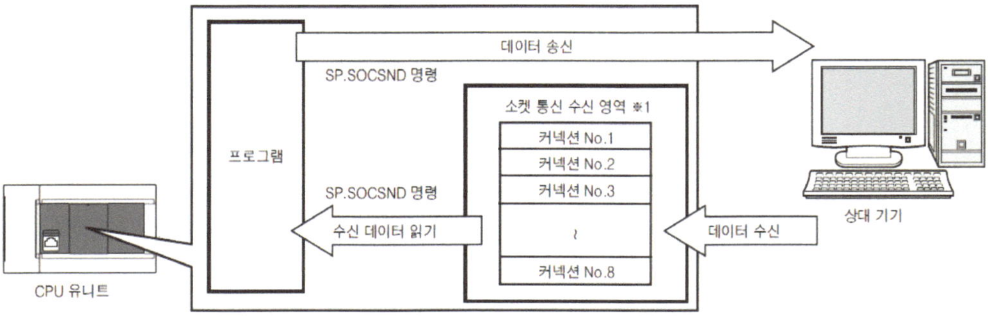

[그림 3-8] PLC의 소켓 통신

[표 3-5] PLC의 이더넷 통신을 위한 소켓 설정 순서

실행 순서	실행 내용	작업 화면
1	이더넷 통신을 위한 소켓 설정 PLC의 이더넷 통신 설정을 위한 메뉴를 선택한다. ① GX Works3의 화면 좌측 하단에서 Navigation 탭을 클릭한다. ② FX5UCPU을 폴더를 열어서 Ethernet Port를 더블클릭한다.	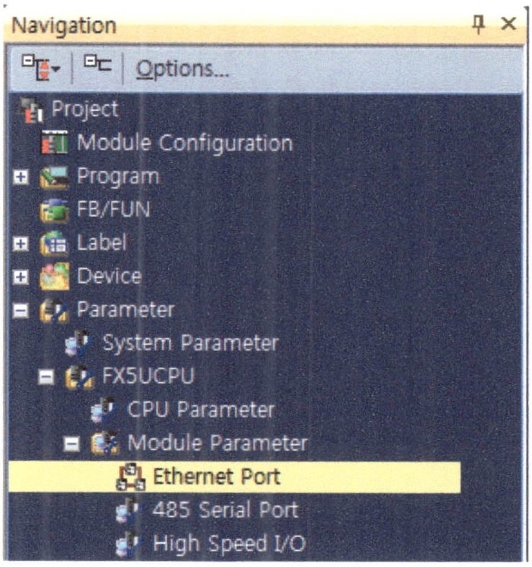
2	소켓 설정을 위한 메뉴 선택 소켓 통신으로 연결한 통신 설정 메뉴를 선택한다. ① 제일 하단의 메뉴 External Device Configuration을 더블클릭한다.	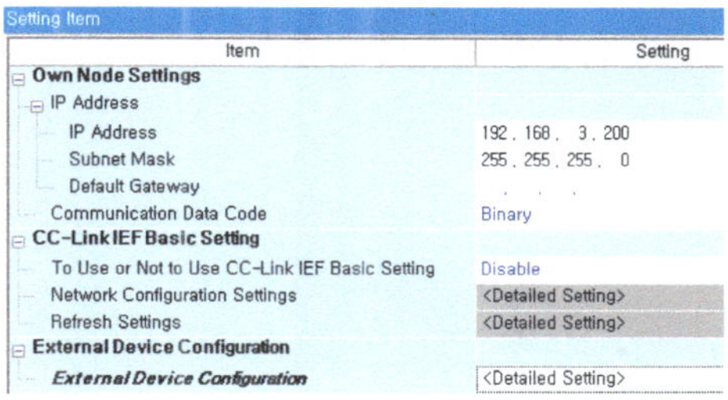
3	UDP 소켓 설정 화면 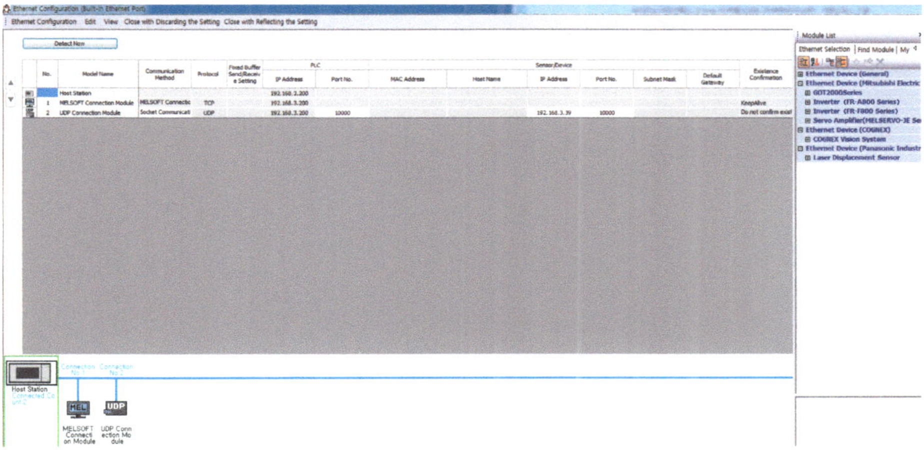	

4	소켓 종류 선택 이더넷 통신을 위한 소켓의 종류를 선택해서 설정한다. ① MELSOFT Connection 항목을 마우스코 클릭한 후 드래그해서 Host Station에 설치한다. ② UDP Connection 항목을 마우스로 클릭한 후 드래그해서 Host Station에 설치한다.	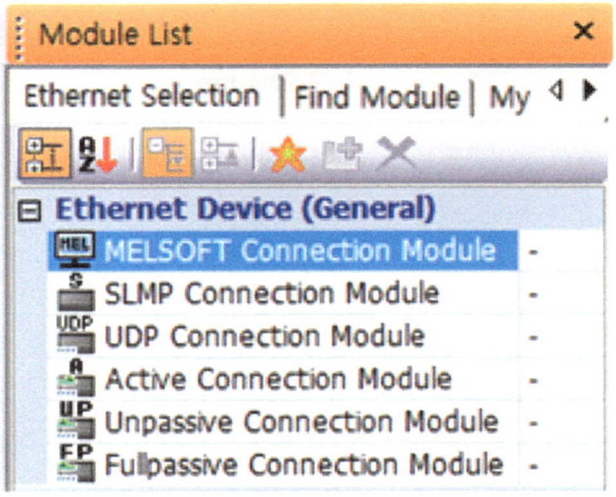
5	소켓 설정을 위한 메뉴 선택 소켓 통신으로 연결한 통신 설정 메뉴를 선택한다. ① 제일 하단의 메뉴 External Device Configuration을 더블클릭한다.	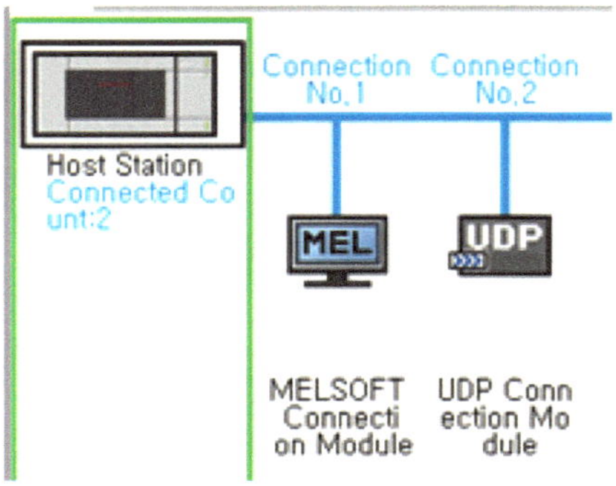
6	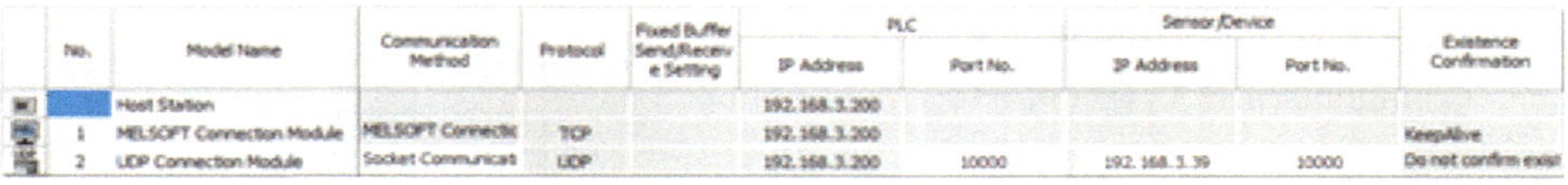	

	No.	Model Name	Communication Method	Protocol	Fixed Buffer Send/Receive Setting	PLC		Sensor/Device		Existence Confirmation
						IP Address	Port No.	IP Address	Port No.	
		Host Station				192.168.3.200				
	1	MELSOFT Connection Module	MELSOFT Connectio	TCP		192.168.3.200				KeepAlive
	2	UDP Connection Module	Socket Communicat	UDP		192.168.3.200	10000	192.168.3.39	10000	Do not confirm exist

실습 과제 멜섹Q와 FX5U PLC의 이더넷 UDP 통신 출력 제어

멜섹Q PLC와 FX5U PLC를 이더넷 UDP 통신으로 연결하여 멜섹Q PLC에서 FX5U PLC의 출력의 ON/OFF를 제어하는 프로그램 작성법을 살펴보자.

멜섹Q PLC CPU의 이더넷의 UDP/IP 통신으로 [그림 3-9]와 같이 FX5U PLC을 이더넷 통신으로 연결한 후에 주어진 동작 조건을 만족하는 멜섹Q PLC와 FX5U PLC의 파라미터 설정과 프로그램 작성법에 대해 살펴보자.

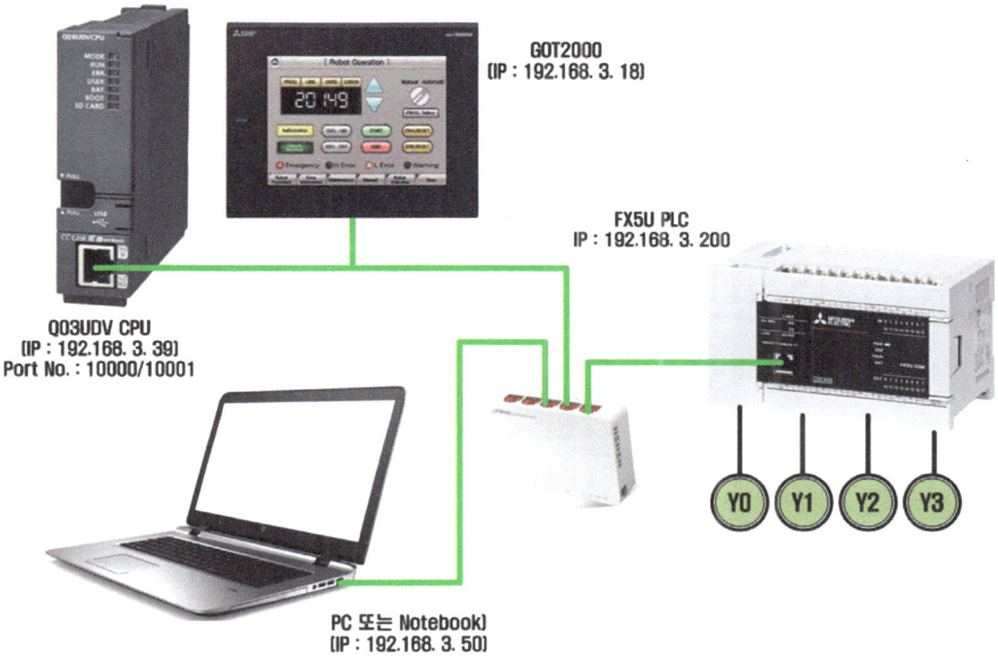

[그림 3-9] 멜섹Q PLC와 FX5U PLC의 이더넷 UDP 통신

[표 3-6] UDP 통신 테스트를 위한 IP 및 포트번호 할당

구분	동작 모드	설정 IP	마스크	포트 번호
멜섹Q CPU		192.168.3.39	255.255.255. 0	10000
GOT2000	-	192.168.3.18	255.255.255. 0	-
FX5U PLC	-	192.168.3.200	255.255.255. 0	10000
PC		192.168.3.50	255.255.255. 0	-

1. GOT 화면 구성

멜섹Q PLC와 FX5U PLC와의 UDP 통신을 사용해 FX5U의 출력 Y0 ~ Y3의 ON/OFF 제어를 위한 HMI 화면을 [표 3-7]처럼 구성하고 메모리 번지를 할당한다.

[표 3-7] 멜섹Q PLC와 FX5U PLC의 UDP 통신을 이용한 출력 제어

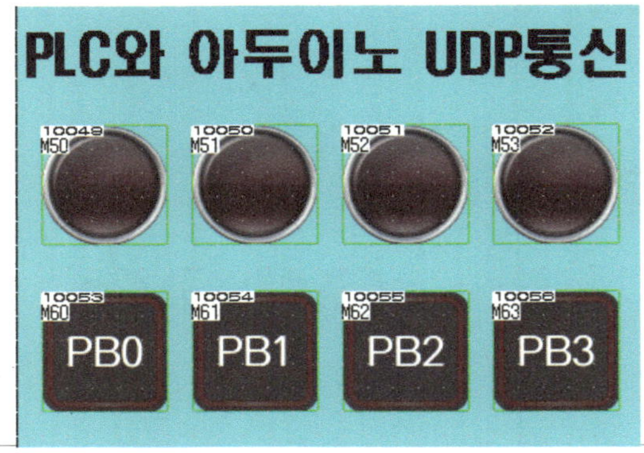

(a) TCP 클라이언트 화면

메모리 번지	타입	기능
M50 ~ M53	램프	릴레이 상태 표시
M60 ~ M63	버튼	릴레이 ON/OFF
FX5U PLC		
Y0	출력	릴레이 제어
Y1	출력	릴레이 제어
Y2	출력	릴레이 제어
Y3	출력	릴레이 제어

(b) PLC 메모리 할당

동작 조건

① 멜섹Q PLC와 FX5U PLC를 UDP 통신으로 데이터를 송수신한다.

② 멜섹Q에 연결된 GOT에서 M60번의 버튼을 누를 때마다 M50Q번의 램프 동작이 반전(OFF → ON, ON → OFF)된다.

③ M61~63의 버튼의 동작도 ②처럼 동작한다.

④ M50~M53의 램프의 동작 상태가 UDP 통신으로 FX5U PLC의 출력 Y0~Y3에 출력된다.

2. 멜섹Q PLC의 이더넷 파라미터 설정

멜섹Q PLC의 소켓 설정은 [그림 3-10]처럼 설정하고 FX5U PLC의 소켓 설정은 [표 3-6]의 내용을 사용한다.

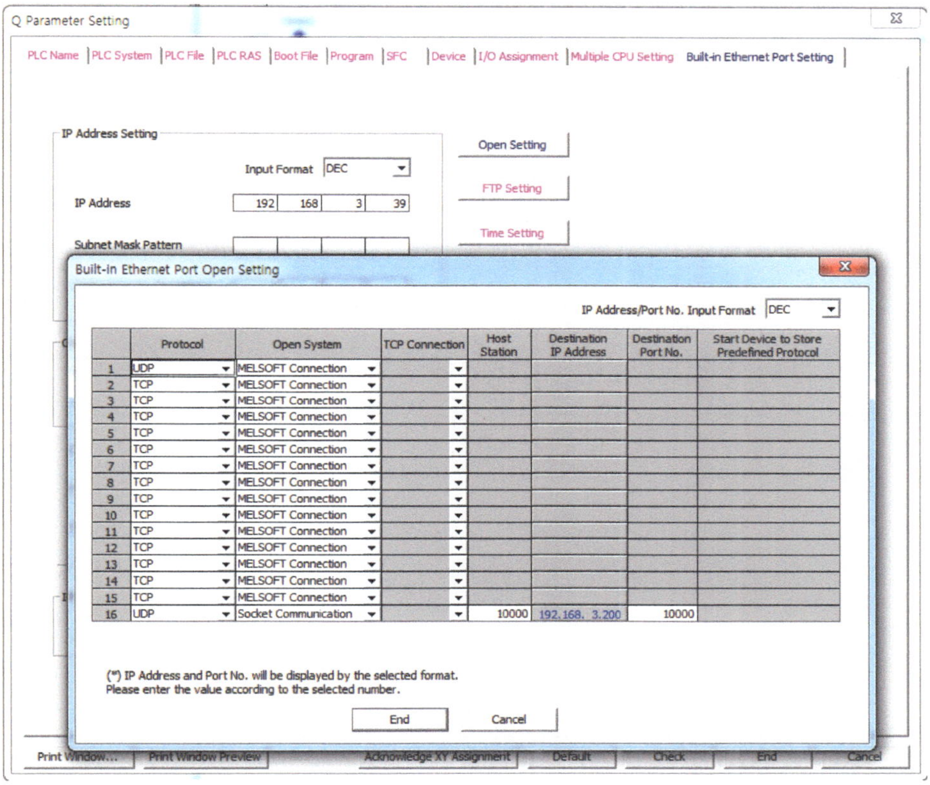

[그림 3-10] 멜섹Q PLC의 UDP 통신 소켓 설정

3. 멜섹Q PLC 프로그램

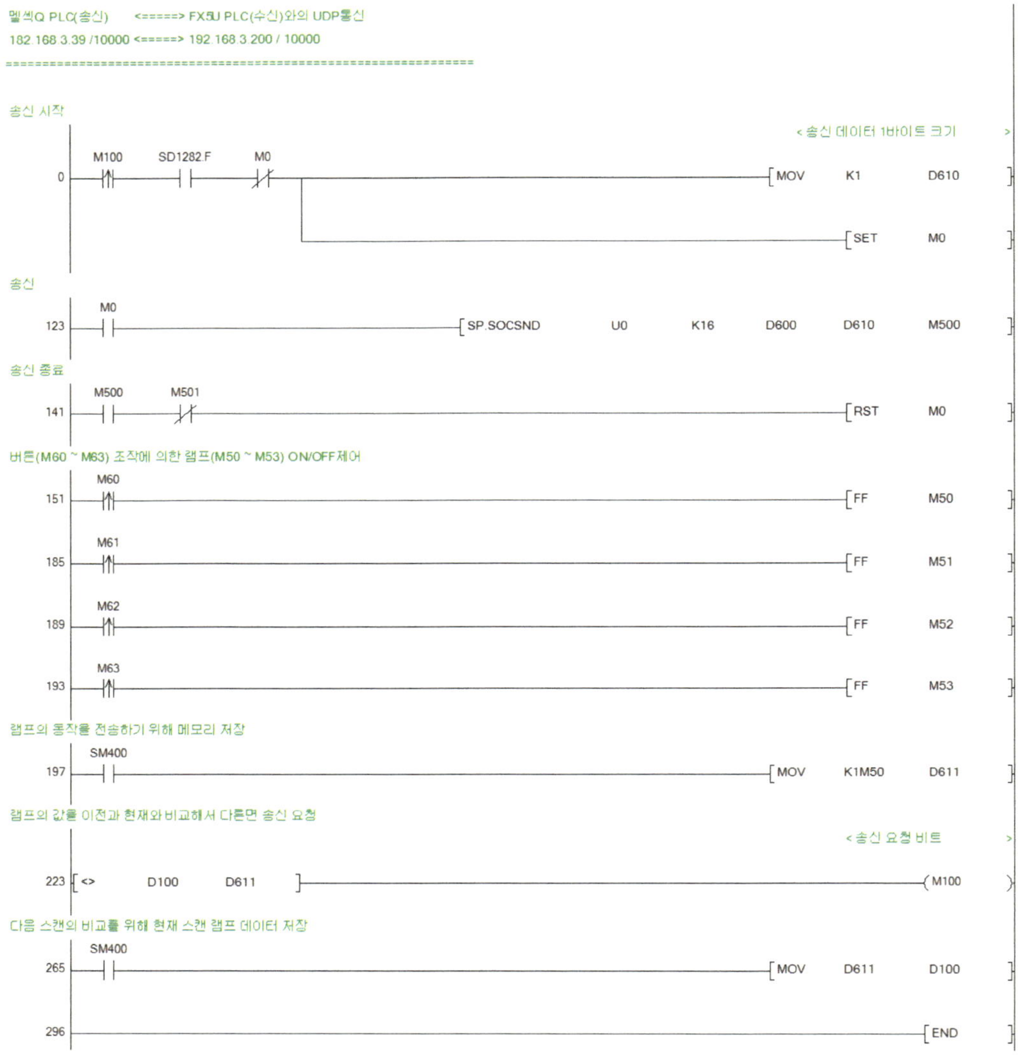

[프로그램 3-1] 멜섹Q PLC의 UDP 통신 송신 프로그램

4. FX5U 프로그램

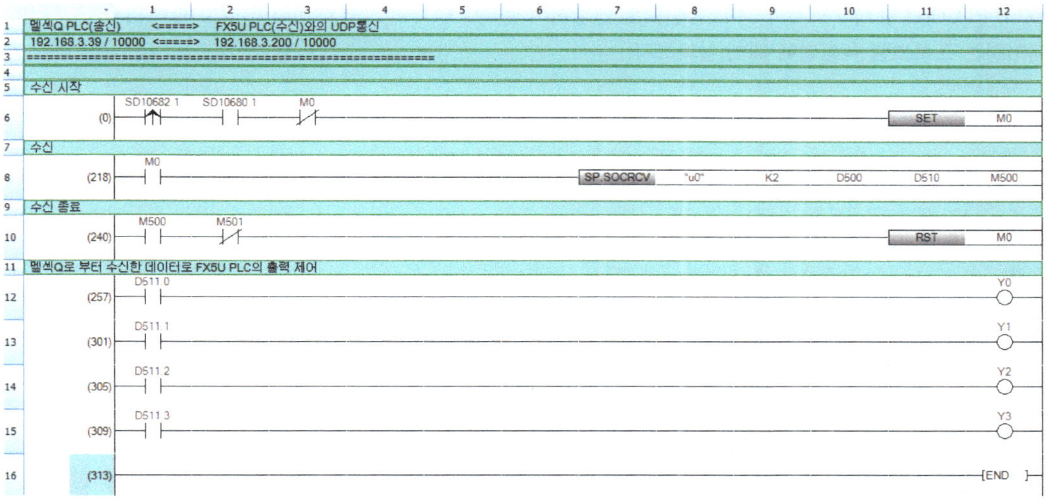

[프로그램 3-2] FX5U PLC의 UDP 통신 수신 프로그램

실습 과제　멜섹Q와 FX5U PLC의 이더넷 UDP 통신 입출력 제어

FX5U PLC에서 멜섹Q PLC와 UDP 통신으로 연결하여 멜섹Q PLC의 입력 데이터를 읽고 출력의 ON/OFF를 제어하는 프로그램 작성법에 대해 살펴보자.

멜섹Q PLC CPU의 이더넷의 UDP/IP 통신으로 [그림 3-11]과 같이 FX5U PLC을 이더넷 통신으로 연결한 후에 주어진 동작 조건을 만족하는 멜섹Q PLC와 FX5U PLC의 파라미터 설정과 프로그램 작성법에 대해 살펴보자.

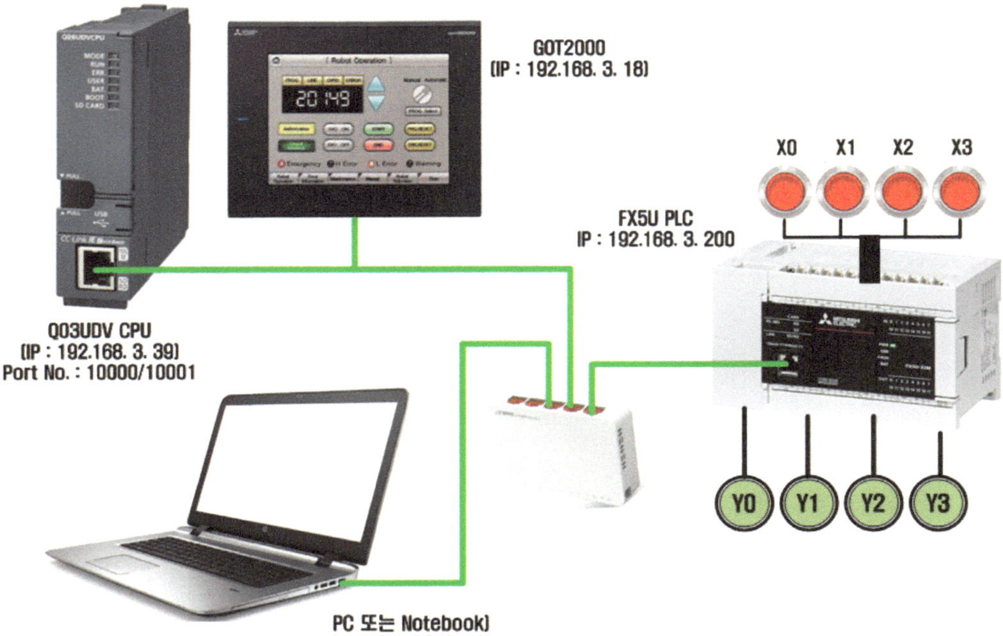

[그림 3-11] 멜섹Q PLC와 FX5U PLC의 이더넷 UDP 통신

[표 3-8] UDP 통신 테스트를 위한 IP 및 포트 번호 할당

구분	동작 모드	설정 IP	마스크	포트 번호
멜섹Q CPU		192.168.3.39	255.255.255. 0	10000
GOT2000	-	192.168.3.18	255.255.255. 0	-
FX5U PLC	-	192.168.3.200	255.255.255. 0	10000
PC		192.168.3.50	255.255.255. 0	-

1. GOT 화면 구성

멜섹Q PLC와 FX5U PLC와의 UDP 통신을 사용해 FX5U의 출력 Y0 ~ Y3의 ON/OFF 제어를 위한 HMI 화면을 [표 3-9]처럼 구성하고 메모리 번지를 할당한다.

[표 3-9] 멜섹Q PLC와 FX5U PLC의 UDP 통신을 이용한 출력 제어

(a) TCP 클라이언트 화면

메모리 번지	타입	기능
M50 ~ M53	램프	릴레이 상태 표시
M60 ~ M63	버튼	릴레이 ON/OFF
FX5U PLC		
Y0	출력	릴레이 제어
Y1	출력	릴레이 제어
Y2	출력	릴레이 제어
Y3	출력	릴레이 제어

(b) PLC 메모리 할당

동작 조건

① 멜섹Q PLC와 FX5U PLC를 UDP 통신으로 데이터를 송수신한다.

② 멜섹Q에 연결된 GOT에서 M60번의 버튼을 누를 때마다 M50Q번의 램프 동작이 반전(OFF → ON, ON → OFF)된다.

③ M61 ~ 63의 버튼의 동작도 ②처럼 동작한다.

④ M50 ~ M53의 램프의 동작 상태가 UD P통신으로 FX5U PLC의 출력 Y0 ~ Y3에 출력된다.

⑤ FX5U PLC의 입력 X0 ~ X3에 연결된 버튼에 의해서도 출력 Y0 ~ Y3의 ON/OFF 제어가 이루어져야 한다.

2. 멜섹Q PLC와 FX5U PLC의 프로그램 작성 방법

FX5U PLC의 출력 Y0 ~ Y3을 멜섹Q PLC에서도 제어가 가능하고 FX5U PLC에서도 제어가 가능하기 위해서는 UDP 송수신을 통해서 FX5U PLC의 입력 상태를 멜섹Q PLC에서 수신해서 램프를 제어하면 된다.

1) FX5U PLC의 프로그램

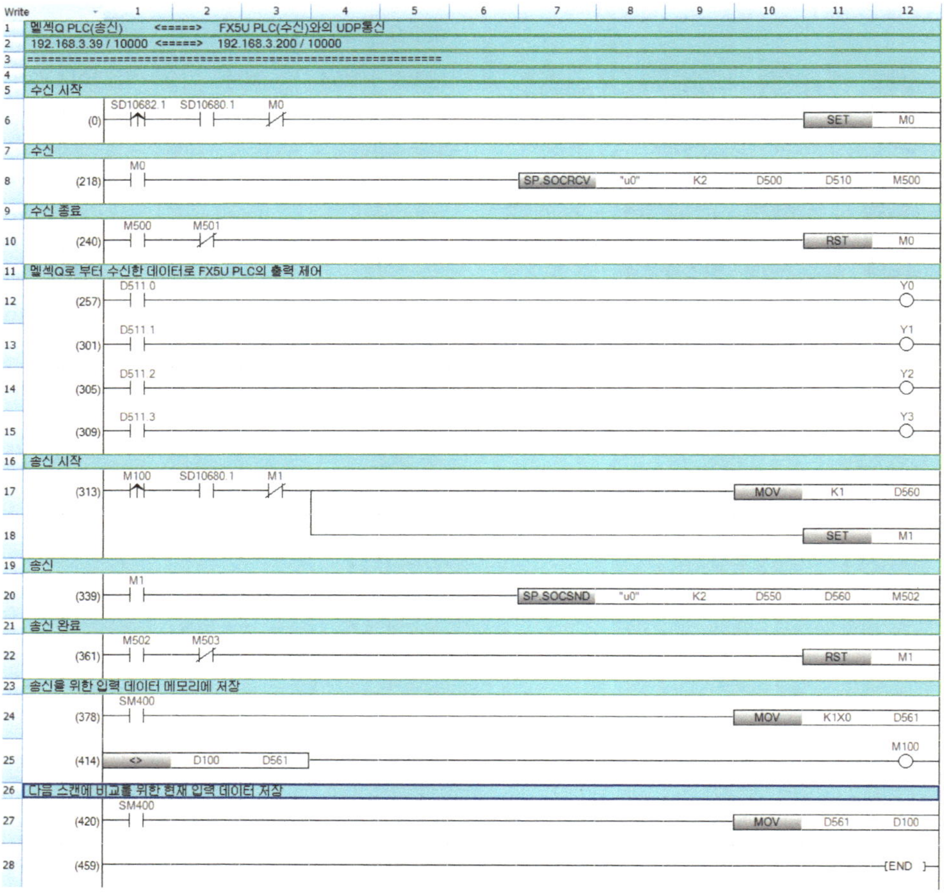

[프로그램 3-3] FX5U PLC의 UDP 통신 송수신 프로그램

2) 멜섹Q PLC의 프로그램

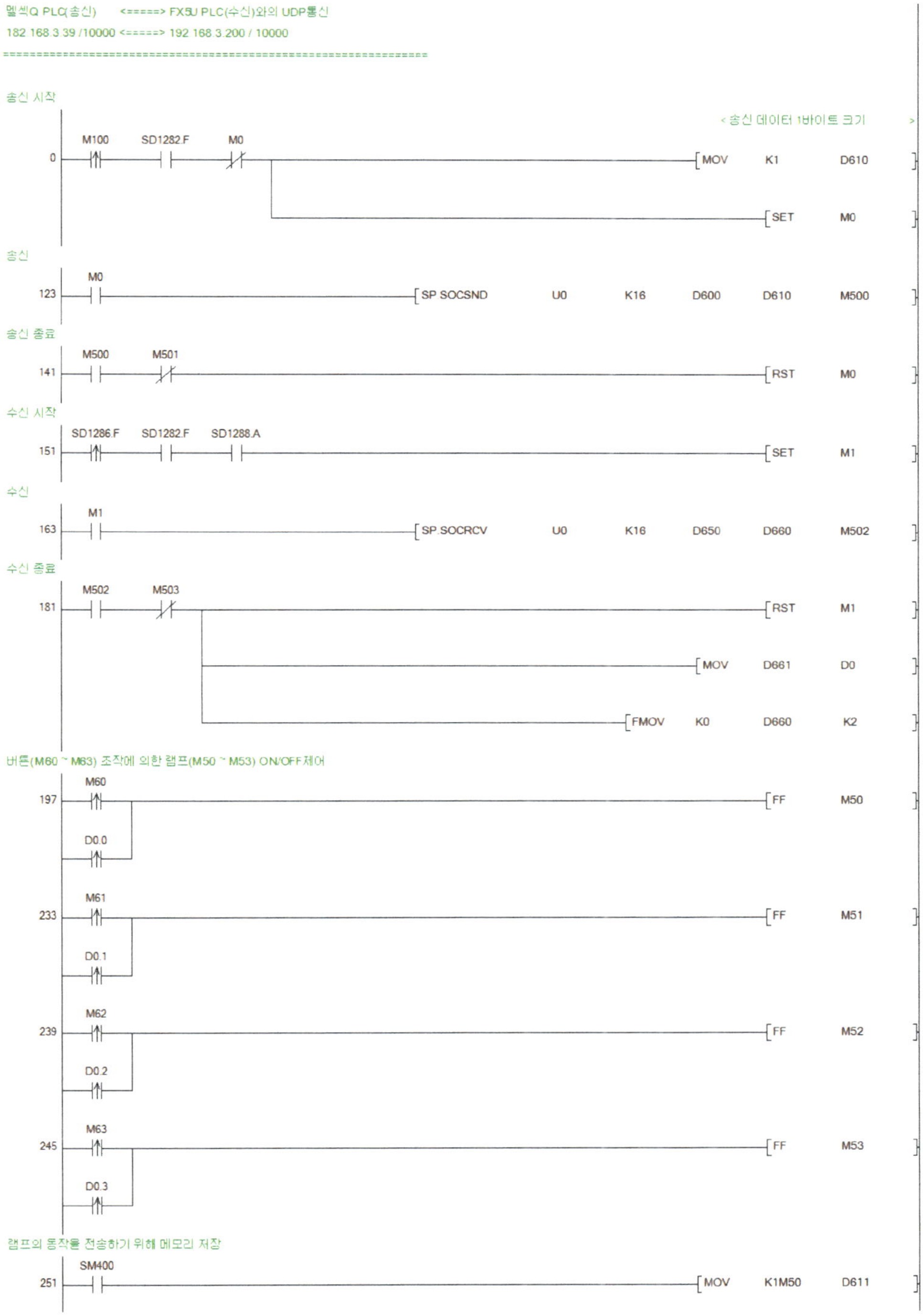

[프로그램 3-4] 멜섹Q PLC의 UDP 통신 송수신 프로그램

PART Ⅳ SLMP 통신

단원 소개

MELSEC iQ-F 시리즈인 FX5U PLC는 기존의 초소형 PLC MELSEC-F 시리즈의 개량형으로 기본 성능 향상, 구동 기기와의 연계, 프로그래밍 환경이 개선된 4차 산업에 대응하기 위해 개발된 PLC이다. 아두이노와 이더넷 통신으로 IoT 구현을 할 수 있도록 PLC 본체에 이더넷 통신 포트가 내장되어 있다. FX5U PLC의 특징과 기능에 대해 살펴보자.

CHAPTER

01

스마트제조& 아두이노-PLC 통신 및 C# 프로그래밍

SLMP 통신

학습 목표

1. SLMP 통신에 대해 설명할 수 있다.
2. SLM P통신을 위한 요청 스테이트먼트를 작성하고 해석할 수 있다.
3. SLMP 통신을 위한 응답 스테이트먼트를 해석할 수 있다.
4. FX5U와의 SLMP 통신을 위한 프로그램을 작성할 수 있다.

1. SLMP 통신이란?

자동화 산업 현장에서 다양한 제어 기기와 통신을 통해 제어 데이터를 송수신하기 위해 국제 규격을 맞추어 표준화된 프로토콜을 사용하는 네트워크를 필드버스(Fieldbus)라 한다. 기존의 필드버스 대부분이 RS485 통신을 기반으로 했다면 최신의 필드버스는 이더넷 통신을 기반으로 하고 있다. 미쓰비시에서도 RS485 통신을 이용한 필드버스인 CC-Link를 이더넷 통신을 이용한 CC-Link IE로 발전시켰다. [그림 4-1]은 미쓰비시가 제안한 이더넷 통신으로 통합된 자동화 산업 현장의 네트워크 구성을 나타낸 것이다. 그림에서 컨트롤과 디바이스 계층은 이더넷 통신을 이용한 CC-Link IE로 구성될 수 있지만 최상위 계층인 정보를 수집하고 분석하는 컴퓨터 계층에서는 이더넷 통신을 사용하지만 CC-Link IE 프로토콜이 아닌 다른 프로토콜을 사용하기 때문에 네트워크가 통합될 수 없다. 따라서 이러한 문제점을 해결하기 위한 방법으로 미쓰비시는 이더넷 통신 이용한 각종 이더넷 제품 및 CC-Link IE 대응 기기 사이에서 네트워크 계층의 경계를 구분하지 않고 통신을 가능하게 하는 공통 프로토콜을 만들어 사용하는데 이를 SLMP라 한다. SLMP를 사용하면 일반 이더넷 및 CC-Link IE을 통합한 네트워크 환경에서도 자유롭게 제어 데이터의 송수신이 가능하다.

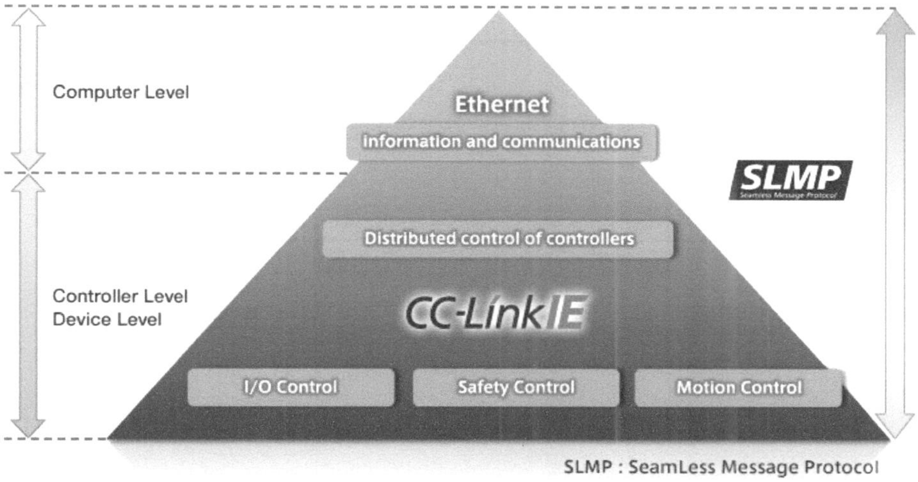

[그림 4-1] 이더넷을 이용한 계층별 네트워크 구성도

(1) SLMP의 기능

SLMP는 어느 날 갑자기 만들어진 프로토콜이 아니라 기존의 멜섹Q PLC에서 이더넷 통신을 할 때 사용하던 MC 프로토콜 중에서 "QnA 호환 3E"라는 명칭을 가진 프로토콜을 변경 없이 사용하기 때문에 기존의 QnA 호환 3E 프로토콜을 사용하는 제어 장치와도 호환된다. SLMP의 주요 용도는 이더넷 통신을 사용하여 PLC 또는 PC에서 멜섹Q 시리즈, 멜섹 FX5 시리즈, 멜섹iQ 시리즈의 PLC의 메모리를 저장된 데이터를 읽거나 쓰고, 그리고 PLC의 동작 상태를 제어하기 위한 것이다. [그림 4-2]는 상대 기기인 PC에서 SLMP를 사용하여 FX5U PLC의 메모리를 읽는 과정을 나타낸 것이다. 상대 기기인 PC에서 SLMP의 요구 스테이트먼트[1]를 송신하면 해당 스테이트먼트를 수신한 FX5U PLC가 응답 스테이트먼트를 상대 기기인 PC로 전송하는 형태로 동작한다.

1 스테이트먼트statement: 통신을 위한 데이터는 여러 개의 ASCII 코드 또는 바이너리 값이 저장된 바이트 단위의 데이터 조합으로 만들어지는데 이러한 조합을 스테이트먼트라 한다.

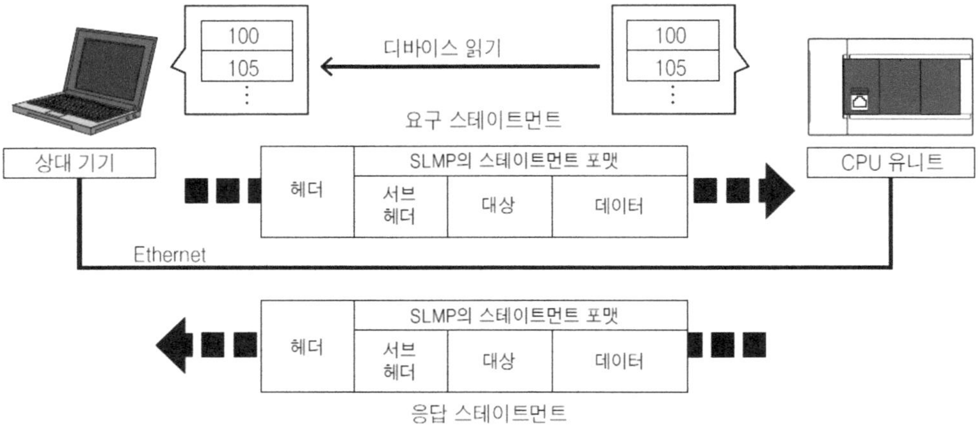

[그림 4-2] SLMP 프로토콜의 동작 순서

SLMP는 일반 이더넷 통신과 미쓰비시 전용 이더넷 통신인 CC-Link IE와도 통신이 가능한 프로토콜이다. [그림 4-3]은 일반 이더넷으로 접속한 PC를 통해서 CC-Link IE에 연결된 PLC 메모리의 데이터를 읽거나 쓰는 동작 형태를 나타낸 것이다.

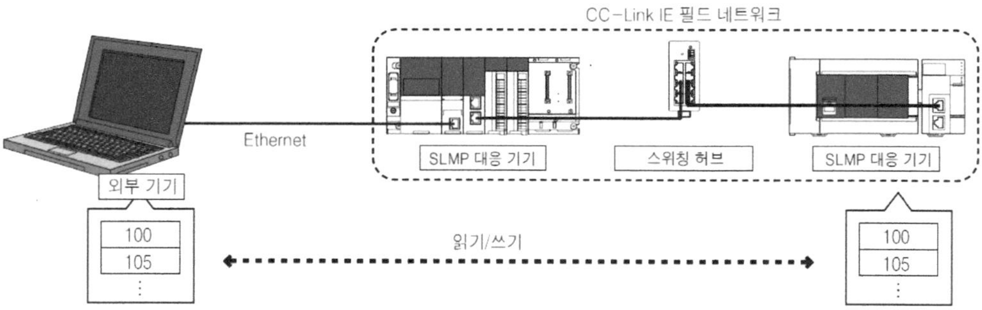

[그림 4-3] SLMP로 네트워크 계층에 관계없이 PLC 메모리 데이터의 읽기와 쓰기가 가능

SLMP의 주된 용도는 외부 기기에서 일반 이더넷 또는 미쓰비시 전용 이더넷 CC-Link IE에 접속된 PLC 메모리의 데이터를 읽거나 쓰기 위한 프로토콜이다.

(2) SLMP의 통신 절차

SLMP를 이용한 이더넷 통신 절차는 반이중 통신 방식으로 이루어진다. 상대 기기에서 미쓰비시 PLC로 SLMP 형식의 요청 스테이트먼트를 전송하면 해당 스테이터먼트를 수신한 PLC에서 응답 스테이트먼트를 상대 기기로 전송하는 순서로 동작한다.

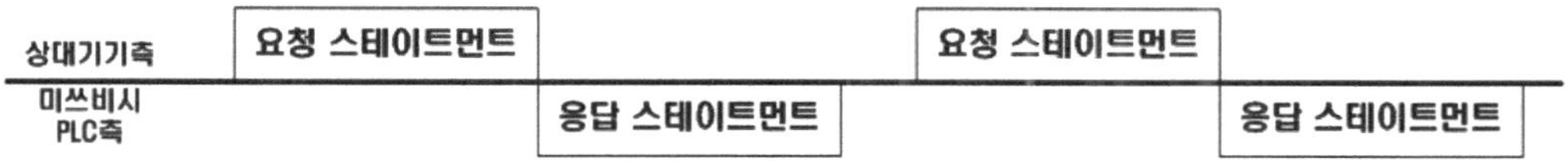

[그림 4-4] SLMP의 반이중 통신 방식의 동작

1) SLMP의 스테이트먼트 형식

SLMP는 멜섹Q PLC의 이더넷 통신용 MC 프로토콜인 QnA 호환 3E의 형식을 사용한다. 3E 형식은 스테이트먼트를 구성할 때 사용하는 데이터 타입이 ASCII 또는 Binary로 구분된다. 교재에서는 ASCII 코드로 구성하는 스테이트먼트에 대해 살펴본다.

① 스테이트먼트 전체 형식

SLMP의 스테이트먼트 형식은 [그림 4-5]처럼 헤더 데이터와 애플리케이션 데이터(서브 헤더부터 요구 데이터부)로 구성된다. 헤드 데이터는 이더넷 통신 방식에 따라 TCP/IP 또는 UDP/IP용 헤드 데이터가 자동으로 부가되기 때문에 사용자는 관여하지 않는다. 애플리케이션 데이터는 요구 스테이트먼트와 응답 스테이트먼트로 구성된다.

② 스테이트먼트의 실제 구성

SLMP로 구성된 요청 스테이트먼트를 수신한 미쓰비시 PLC에서는 정상 응답과 에러 응답으로 구분해서 응답 스테이트먼트를 상대 기기로 전송하도록 되어 있다. ASCII 코드로 구성된 SLMP 스테이트먼트를 살펴보자.

■ **요청 스테이트먼트의 구성**

요청 스테이트먼트는 [그림 4-5]의 애플리케이션 데이터 영역에 있는 커맨드와 서브 커맨드에 의해 PLC의 메모리를 읽거나 쓰기 위한 방법이 정해진다.

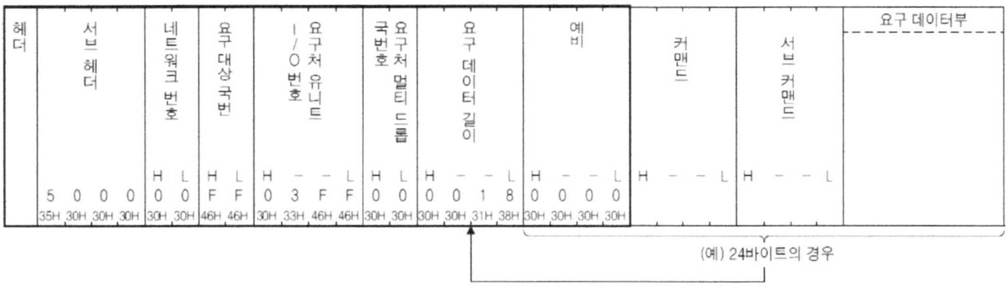

[그림 4-5] 요청 스테이트먼트의 전체 구성

[그림 4-5]의 SLMP의 요청 스테이트먼트에서 서브 헤더부터 예비 항목은 FX5U PLC에서는 고정된 항목이고 사용자는 FX5U PLC의 메모리를 읽거나 쓰기 조건에 따라 커맨드, 서브 커맨드, 요구 데이터 부분을 설정해야 한다.

■ 정상 응답 스테이트먼트 구성

정상 응답 스테이트먼트는 미쓰비시 PLC의 메모리 읽기 응답과 쓰기 응답에 따라 달라진다. 읽기 응답은 [그림 4-6]처럼 응답 데이터부에 PLC의 메모리를 읽어온 데이터가 설정되고, 쓰기용 응답은 [그림 4-6]에서 종료 코드까지만 있다.

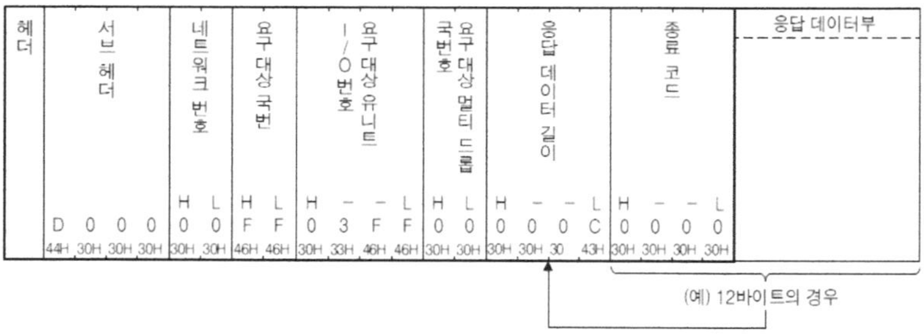

[그림 4-6] 정상 응답 스테이트먼트의 구성

■ 에러 응답 스테이트먼트 구성

요청 스테이트먼트의 설정 내용이 잘못되었을 경우에 미쓰비시 PLC는 [그림 4-7]과 같은 에러 응답 스테이트먼트를 상대 기기로 전송한다. 에러가 발생하게 되면 종료 코드 설정 부분에 에러 코드가 설정된다.

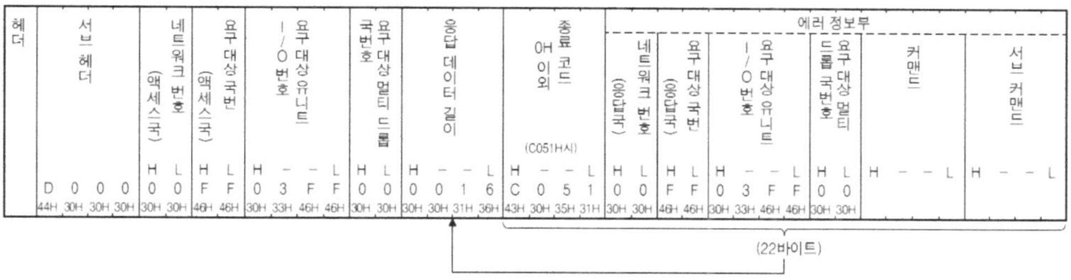

[그림 4-7] 에러 응답 스테이트먼트의 구성

정상 응답과 에러 응답의 차이점은 첫 번째로 종료 코드 항목의 설정값이 다르다는 것이다. 따라서 요청 스테이트먼트에 대해 응답 스테이트먼트를 수신한 PC 또는 PLC에서는 종료 코드 부분을 검사해서 정상과 에러를 판별한 후에 정상일 때, 응답 데이터부를 처리한다.

③ 스테이트먼트의 구성 요소 살펴보기

요청 스테이트먼트와 응답 스테이트먼트는 여러 개의 항목으로 구성된다. FX5U PLC에서는 서브 헤드부터 예비 항목까지는 [그림 4-5]에 있는 설정값이 고정이지만 멜섹Q 시리즈 또는 멜섹iQ 시리즈에는 네트워크 구성에 따라 설정값이 달라진다. 각각의 항목에 대해 살펴보자.

■ **서브 헤더의 구성**

서브 헤드는 해당 스테이트먼트가 상대 기기에서 PLC의 메모리를 읽거나 쓰기 위한 요청 스테이트먼트인지 아니면 요청에 대한 PLC에서 상대 기기로 전송하는 응답 스테이트먼트를 구분하는 데 사용되고 스테이트먼트를 표현하는 데이터 타입에 따라 ASCII코드와 바이너리로 구분된다. 바이너리는 16진수를 사용해서 표현하는 방법이고 ASCII는 문자 그대로 ASCII 코드를 사용해서 표현하는 것으로 바이너리 표현 방법에 대해 스테이트먼트를 구성하는 데이터의 크기가 2배로 늘어나지만 사람의 입장에서는 바이너리보다는 ASCII 코드의 구분이 쉽기 때문에 ACII 코드를 많이 사용한다.

[표 4-1] 서브 헤드의 차이점과 표현 방식

코드 구분	요청 서브 헤드	응답 서브 헤드
ASCII 코드 표현 방식	5 / 35H, 0 / 30H, 0 / 30H, 0 / 30H	D / 44H, 0 / 30H, 0 / 30H, 0 / 30H
Binary 코드 표현 방식	50H, 00H	D0H, 00H

응답과 요청 스테이트먼트를 구성하는 데이터는 [표 4-1]처럼 동일한 설정값을 ASCII로 표현하는 방법과 16진수 형태의 바이너리로 표현하는 방법으로 구분된다.

■ 네트워크 번호, PLC 번호

[그림 4-8]처럼 최상위 정보 네트워크의 이더넷 통신에 연결된 PC에서 필드 네트워크에 설치된 PLC의 정보를 읽거나 쓰기 위해서는 다양한 네트워크를 거쳐서 최종 목적지에 요청 프로토콜이 도달하게 된다. 네트워크 번호는 어떤 네트워크를 거쳐야 하는지를 설정하는 값이고 PLC 번호는 해당 네트워크에 연결된 PLC의 국번을 의미한다. FX5U PLC는 단일 네트워크를 사용하기 때문에 네트워크 번호는 0x00, PLC 번호는 0xFF로 고정된다.

■ 요구 상대 I/O 번호, 요구 상대 모듈 국번호

PC에서 접속하고자 하는 PLC의 구성이 멀티 CPU, 이중화 시스템의 PLC CPU인 경우에 설정하는 값으로 FX5U PLC는 요구 상태 I/O 번호는 0x03FF, 요구 상대 모듈 국번호는 0x00으로 고정되어 사용된다.

■ 요구(응답) 데이터 길이

요구 데이터 길이는 예비 항목부터 요구 데이터로 구성된 데이터의 바이트 개수를 16진수 값으로 설정한다. 해당 설정값을 가지고 요청 스테이트먼트를 수신한 미쓰비시 PLC에서는 수신한 데이터가 오류 없이 수신되었는지 확인하는 동시에 사용자가 요청 스테이트먼트를 정확하게 설정했는지를 확인할 수 있다.

■ 커맨드, 서브 커맨드

커맨드는 상대 기기에서 PLC의 메모리를 읽거나 쓰는 방법을 설정하고, 서브 커맨트는 읽거나 쓰기할 메모리의 단위(비트 또는 워드)를 설정한다. 커맨드의 설정값에 따라 다양한 읽기와 쓰기가 가능하다. 상세한 내용은 해당 매뉴얼을 참고하기 바란다.

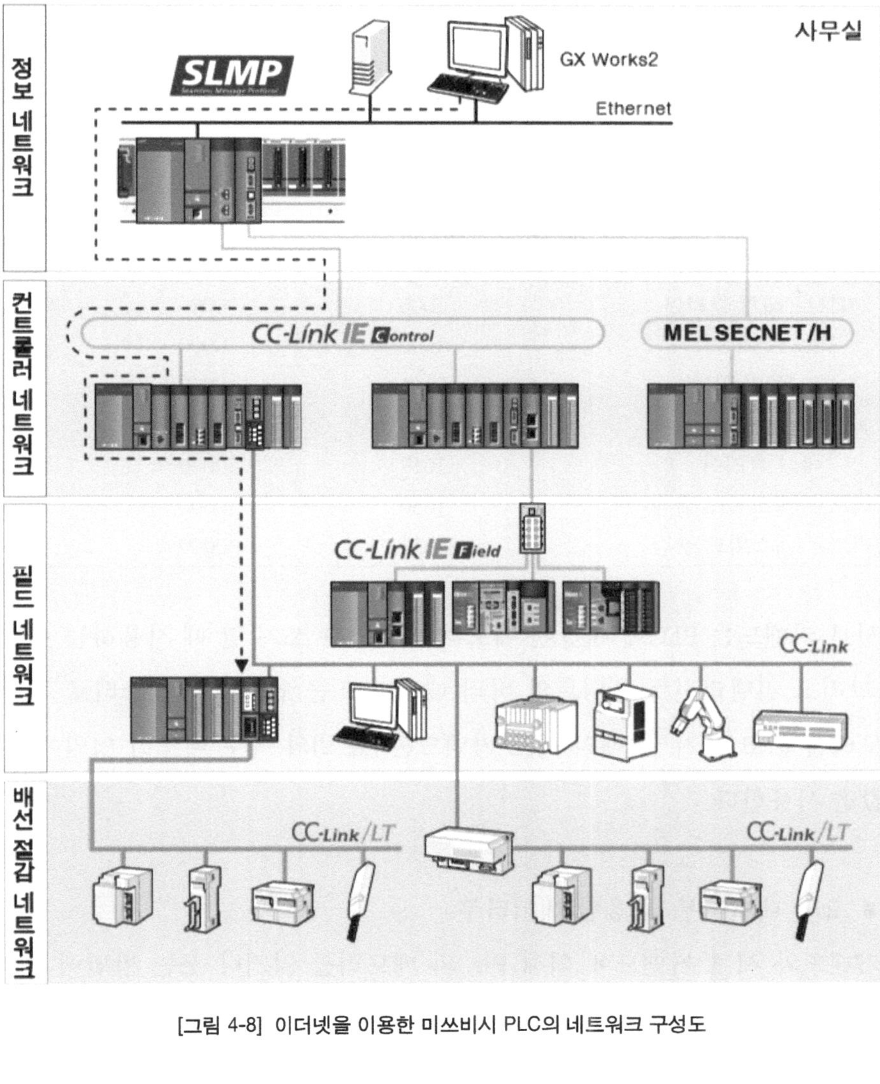

[그림 4-8] 이더넷을 이용한 미쓰비시 PLC의 네트워크 구성도

[표 4-2] 커맨드 및 서브 커맨드의 기능과 설정값

기능	커맨드	서브 커맨드	
		PLC 메모리	특수 메모리
비트 단위의 일괄 읽기	0401	0001	0081/0083
워드 단위의 일괄 읽기		0000	0080/0082
비트 단위의 일괄 쓰기	1401	0001	0081/0083
워드 단위의 일괄 쓰기		0000	0080/0082
워드 단위의 랜점 읽기	0403	0000	0080
비트 단위의 랜덤 쓰기(테스트)	1402	0001	0081
워드 단위의 랜덤 쓰기(테스트)		0000	0080
복수 블록 일괄 읽기	0406	0000	0080
복수 블록 일괄 쓰기	1406	0000	0080
리모트 RUN	1001	0000	-
리모트 STOP	1002	0000	-
리모트 PAUSE	1003	0000	-
리모트 래치 클리어	1005	0000	-
리모트 RESET	1006	0000	-
CPU형명 읽기	0101	0000	-
진단 테스트	0619	0000	-
에러 클리어	1617	0000	-
리모트 패스워드 해제	1630	0000	-
리모트 패스워드 잠김	1631	0000	-

서브 커맨드는 PLC에 내장된 메모리를 읽거나 쓰기 할 때 사용하는 서브 커맨드와 그리고 인텔리전트 유니트의 버퍼 메모리 또는 인덱스 레지스터로 간접 지정된 메모리를 읽고 쓰기 할 때의 서브 커맨드는 [표 2]의 특수 메모리 영역에 표시된 설정값을 사용한다.

■ 요구 데이터부 및 응답 데이터부

커맨드와 서브 커맨드에 의해 PLC의 메모리를 읽거나 쓰는 방법이 정해졌다면 요구 데이터부에는 PLC의 메모리 종류, 메모리 시작 번지, 메모리 크기를 설정한다. 예를 들어 M10번지부터 시작해서 5개의 비트 메모리를 읽어 온다고 하면 커맨드 및 서브 커맨드, 요구 데이터부는 [표 4-3]과 같은 형태로 설정되고, 이에 대한 정상 응답 데이터는 [표 4-4]처럼 된다.

[표 4-3] 비트 메모리를 읽기 위한 커맨드, 서브 커맨드, 요구 데이터부 구성

커맨드				서브 커맨드				메모리 종류		메모리 시작 번지						메모리 크기			
0	4	0	1	0	0	0	1	M	·	0	0	0	0	1	0	0	0	0	5

[표 4-4] [표 4-3]의 요구 데이터부에 의한 응답 데이터 구성

커맨드				서브 커맨드				메모리 종류		메모리 시작 번지						메모리 크기				데이터				
0	4	0	1	0	0	0	1	M	·	0	0	0	1	0	0	0	0	0	5	1	0	1	0	1

응답 데이터부의 마지막 데이터 항목을 살펴보면 10101의 값이 반환되는 것을 확인할 수 있다. 데이터 항목의 첫 번째 값이 M10의 메모리에 저장되어 있는 값을 의미하고 이후 순차적으로 M11 ~ M14까지의 값이다.

■ 응답 메시지의 종료 코드

요청 메시지에 대한 처리 결과를 반환하는 응답으로 정상 응답일 때에는 0x0000이 반환되지만 에러가 발생한 경우에는 에러 코드가 설정되어 반환된다. 사용자는 해당 에러 코드를 가지고 매뉴얼을 참고로 해서 어떤 에러가 발생했는지 판별한다.

④ SLMP 통신을 위한 PLC의 통신 파라미터 설정 방법

SLMP 통신은 이더넷을 사용하기 때문에 PLC의 이더넷 통신 포트를 사용하기 위한 이더넷 IP가 설정되어야 하고 그 이후에 소켓 설정을 SLMP로 한다. SLMP 통신은 스테이트먼트를 구성할 때 사용하는 데이터를 ASCII와 바이너리로 구성할 수 있기 때문에 반드시 어떤 형식의 스테이트먼트를 사용할지에 대한 파라미터 설정이 이루어져야 한다. SLMP 통신용 스테이트먼트를 구성할 때 ASCII로 하는 경우에는 멜섹Q PLC에서는 ASCII 코드의 16진수 표현를 사용하고, FX5U PLC에서는 ASCII 코드의 8진수 표현을 사용한다. 멜섹Q는 입출력 기본 단위가 16진수이기 때문에 16진수 표현을 사용하는 것이고, FX5U PLC는 입출력 기본 단위가 8진수를 사용하기 때문에 8진수 표현을 설정하는 것이다. GX Works3을 실행한 후에 새로운 프로젝트 만들기를 실행한 후에 SLMP 통신을 위한 파라미터 설정법을 살펴보자.

[표 4-5] SLMP 통신을 위한 FX5U PLC의 파라미터 설정 절차

<table>
<tr><th>실행
순서</th><th>실행 내용</th><th>작업화면</th></tr>
<tr><td>1</td><td>이더넷 통신을 IP 및 소켓 설정
PLC의 이더넷 통신 설정을 위한 메뉴을 선택한다.
① GX Works3의 화면 좌측 하단에서 Navigation 탭을 클릭한다.
② FX5UCPU을 폴더를 열어서 Ethernet Port를 더블클릭한다.</td><td>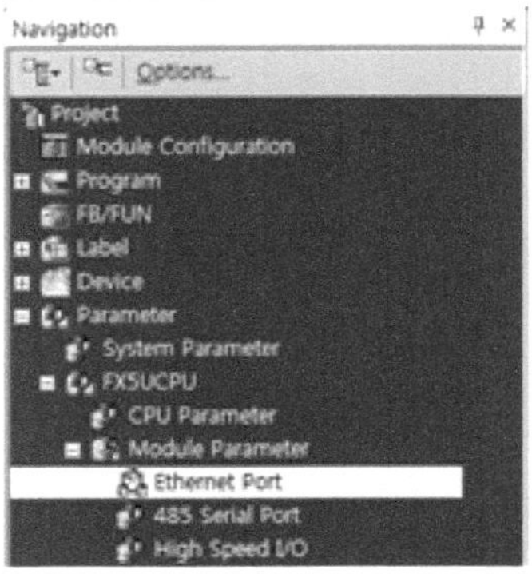
</td></tr>
<tr><td>2</td><td>IP 설정 및 스테이트먼트 형식 설정
PLC의 IP 설정과 SLMP 통신의 스테이트먼트 형식을 ASCII 코드로 설정한다.
① PLC의 IP와 MASK를 설정한다.
② Communication Data Code의 설정을 ASCII(X,Y, OCT)로 설정한다.
③ External Device Configuration을 선택한다.</td><td>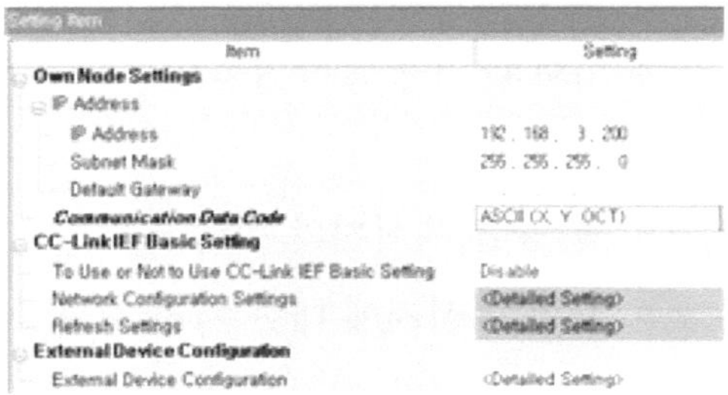
</td></tr>
<tr><td>3</td><td colspan="2">통신 소켓 설정
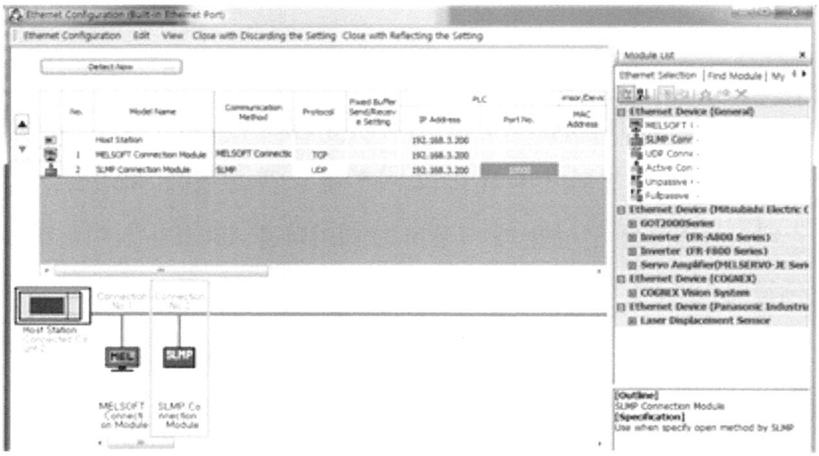

이더넷 통신을 위해서는 소켓 설정이 이루어져야 한다. FX5U PLC는 최대 8개의 소켓 사용이 가능하고 기본적으로 PC의 GX WOrks3와의 통신을 위한 MELSOFT 소켓 커넥션이 1개 있어야 한다.
① 소켓 1번은 GX Works2와의 통신을 위한 MELSOFT로 설정한다.
② 소켓 2번은 SLMP 통신으로 설정한다.</td></tr>
</table>

4

IP 설정 및 스테이트먼트 형식 설정

PLC의 IP 설정과 SLMP 통신의 스테이트먼트 형식을 ASCII 코드로 설정한다.

① PLC의 IP와 MASK를 설정한다.

② Communication Data Code의 설정을 ASCII(X,Y, OCT)로 설정한다.

③ External Device Configuration을 선택한다.

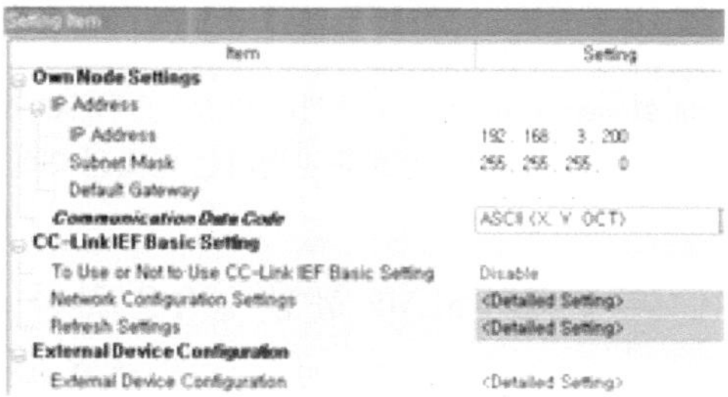

5

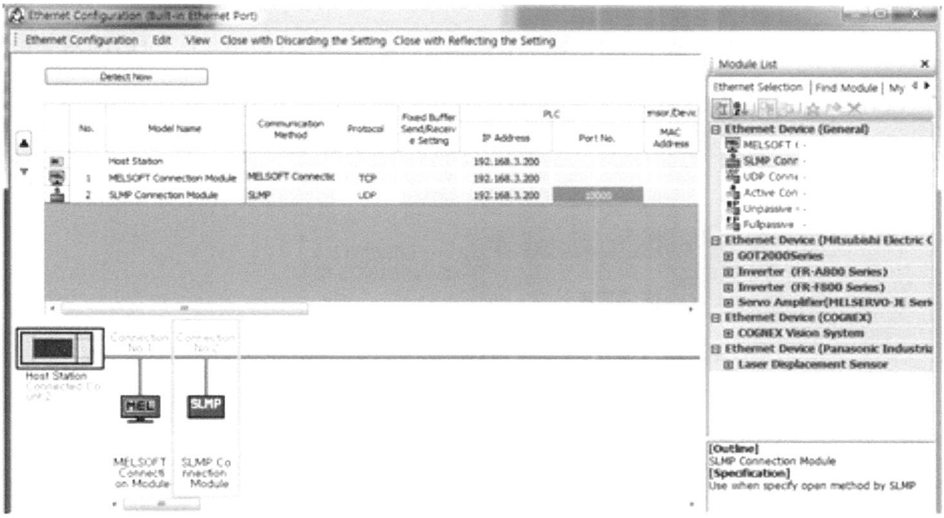

이더넷 통신을 위해 소켓 설정이 이루어져야 한다. FX5U PLC는 최대 8개의 소켓 사용이 가능하고 기본적으로 PC의 GX WOrks3와 통신을 위한 MELSOFT 소켓 커넥션이 1개 있어야 한다.

① 소켓 1번은 GX Works2와의 통신을 위한 MELSOFT로 설정한다.

② 소켓 2번은 SLMP 통신으로 설정한다.

6

SLMP 소켓의 세부 항목 설정

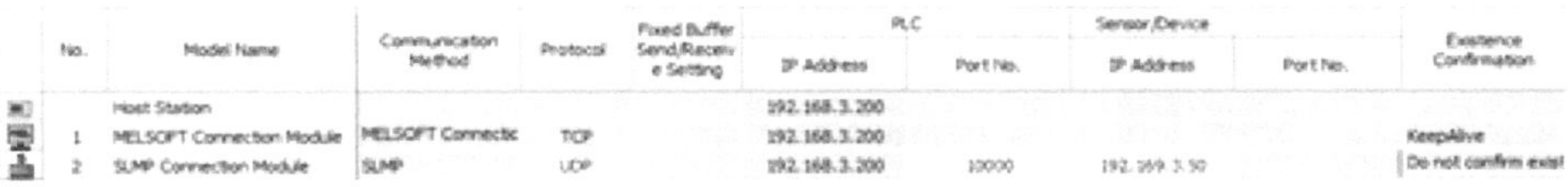

SLMP 통신은 TCP와 UDP 모두를 사용할 수 있고 UDP를 사용할 경우에는 통신할 상대 기기의 IP를 설정해야 한다.

① SLMP로 설정된 소켓 2번의 커넥션 설정에서 상대 기기의 IP을 설정한다. 교재에서는 192.168.3.50으로 설정한다.

② 설정이 완료되면 해당 화면을 닫으면 저장할 것인가를 묻는 창이 나타난다. 저장을 선택하고 화면 우측 하단에 있는 Apply 버튼을 눌러서 설정 내용을 저장한다.

③ 설정 파라미터를 PLC로 쓰기한 후에 PLC을 리셋하면 SLMP 통신 준비가 완료된 것이다.

실습 과제　ezTerm를 사용해서 SLMP로 FX5U 통신 확인

PC에 설치된 ezTerm을 사용해서 SLMP로 FX5U PLC의 메모리 값을 읽거나 쓰는 요청 스테이트먼트를 만드는 방법과 응답 스테이트먼트를 판별하는 방법에 대해 살펴보자.

PLC와 PLC의 SLMP 통신 실습을 하기 전에 SLMP 통신을 위한 PLC의 파리미터 설정이 정상적으로 되었는지를 확인하고 이더넷 통신 테스트용 ezTerm을 사용해 SLMP 요청 스테이먼트를 PLC로 전송했을 때 PLC에서 응답 스테이트먼트를 전송하는지 살펴보자. 먼저 SLMP 통신 테스트를 위한 시스템 구성을 [그림 4-9]처럼 한다. 그림에서 Q03UDV와 GOT2000은 설치되어 있지 않아도 상관없다. PC와 FX5U PLC와의 이더넷 통신 연결만 되어 있으면 된다.

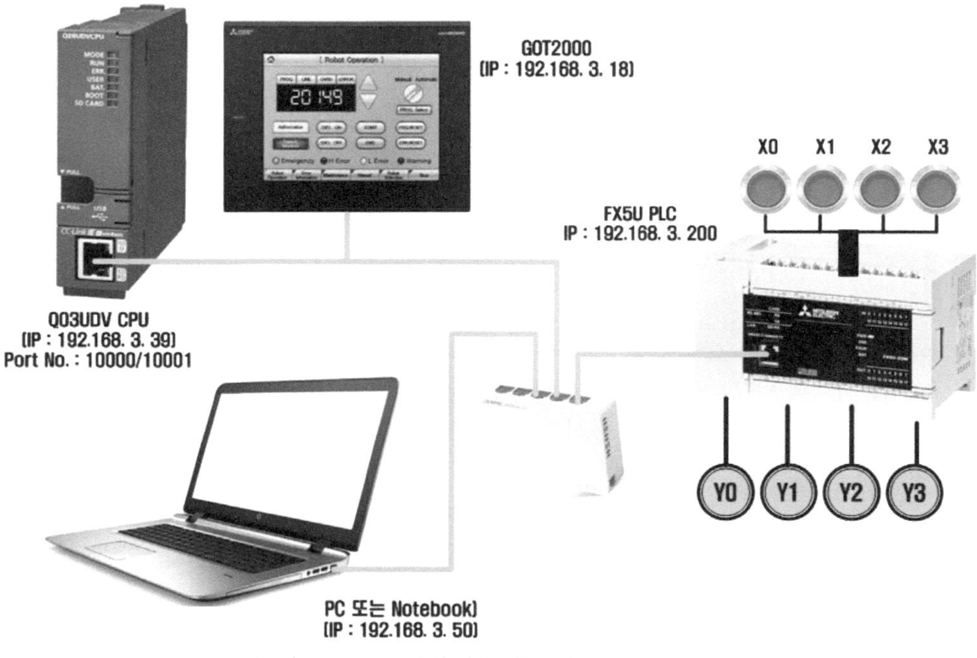

[그림 4-9] SLMP 통신 테스트를 위한 PLC 시스템 구성

[표 4-6] SLMP UDP 통신 테스트를 위한 IP 및 포트 번호 할당

구분	동작 모드	설정 IP	마스크	포트 번호
FX5U PLC	서버	192.168. 3. 200	255.255.255. 0	10000
PC	클라이언트	192.168. 3. 50	255.255.255. 0	10000

1. SLMP 통신을 위한 FX5U PLC의 설정

SLMP 통신은 미쓰비시 PLC와의 통신을 위한 오픈 프로토콜로 PLC의 O/S가 해당 프로토콜을 인식하기 때문에 FX5U PLC는 SLMP 통신을 위한 별도의 프로그램 작성을 하지 않는다. 다만 SLMP 통신을 위한 소켓 생성과 커넥션 작업을 위한 이더넷 통신 파라미터 설정만을 필요로 한다. [표 4-6]과 같은 순서대로 SLMP 통신을 위한 소켓 2번을 생성하고 소켓 2번의 커넥션을 위한 설정을 UDP 통신, 통신할 상대 기기의 IP을 PC의 IP을 설정한 후에 PLC 프로그램을 작성하지 않은 공백 상태로 둔 상태에서 PLC에 파라미터와 프로그램을 전송한 후에 PLC을 리셋한다.

2. SLMP 통신을 위한 PC에서 ezTerm의 실행

1) FX5U PLC와 ezTerm의 통신을 위한 설정

PC에서 SLMP로 FX5U PLC와 통신을 위한 ezTERM의 설정 내역을 [그림 4-10]에 나타내었다. SLMP는 TCP와 UDP를 사용하여 통신할 수 있는데 [표 4-6]에서 소켓 2번에 SLMP 통신 커네션 설정 항목에 UDP 통신을 설정했기 때문에 ezTerm에서도 동일하게 UDP로 설정한다.

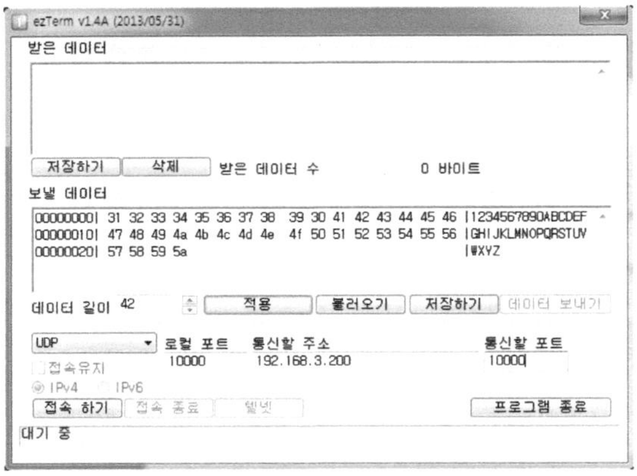

통신 방식: UDP
로컬 포트: 10000
통신할 주소: 192.168.3.200(FX5U IP)
통신할 포트: 10000
데이터 길이: 42바이트

위의 항목을 설정한 후에 접속하기 버튼을 눌러서 FX5U PLC와 통신 대기 상태로 만든다.

[그림 4-10] FX5U PLC와의 통신을 위한 ezTerm의 설정

2) FX5U PLC의 입력 메모리 X0 ~ X3의 데이터 읽어오기

X0, X1을 ON, X2, X3을 OFF로 설정한 상태에서 입력 메모리를 읽기 위한 커맨드 스테이트먼트를 작성한 후에 PLC로 전송한다.

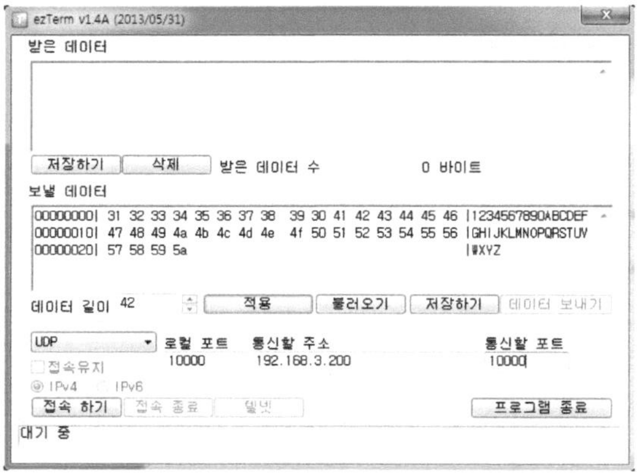

통신 방식: UDP
로컬 포트: 10000
통신할 주소: 192.168.3.200(FX5U IP)
통신할 포트: 10000
데이터 길이: 42바이트
보낼 데이터 설정:
500000FF03FF000018000004010001X*0000000004
위의 데이터를 ASCII로 설정한 후에 데이터 보내기 버튼을 누르면 PLC로부터 응답 스테이터먼트가 수신되면 수신 데이터 맨 뒤에서 4바이트가 X0 ~ X3의 데이터이다.

[그림 4-11] 입력 메모리 읽기 위한 SLMP 요청 스테이트먼트 전송 및 응답 수신

[그림 4-11]은 PLC의 입력 메모리를 읽기 위한 스테이트먼트 중에서 고정된 스테이트먼트를 제외하고 사용자가 설정해야 할 스테이트먼트의 구성을 나타낸 것이

다. [표 4-7]에서 예비 항목을 제외하고는 사용자가 PLC의 메모리를 읽는 조건에 따라 설정 내역이 다르게 설정된다.

[표 4-7] 입력 메모리 읽기용 응답 스테이트먼트의 사용자 설정 항목

0	0	1	8	0	0	0	0	0	4	0	1	0	0	0	1	X	*	0	0	0	0	0	0	0	0	0	4
0x18 = 24				예비(고정값)				커맨드				서브 커맨드				타입		메모리 시작 번지						메모리 개수			
전송 바이트 수				1	2	3	4	5	6	7	8	9	10	11	12	13	14	15	16	17	18	19	20	21	22	23	24

3) FX5U PLC의 출력 메모리 Y0 ~ Y3의 데이터 비트 단위로 쓰기

Y0, Y1을 ON, Y2, Y3을 OFF로 설정하기 위한 출력 메모리에 데이터를 쓰기 위한 요청 스테이트먼트를 작성한 후에 PLC로 전송한 후에 PLC의 출력 Y0, Y1이 ON 상태가 되는지 확인한다.

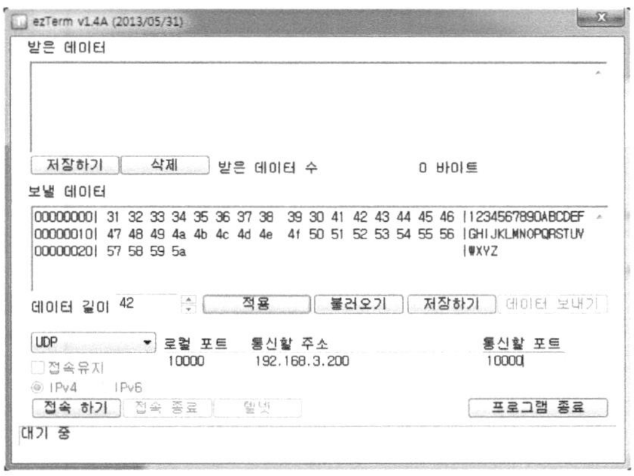

통신 방식: UDP
로컬 포트: 10000
통신할 주소: 192.168.3.200(FX5U IP)
통신할 포트: 10000
데이터 길이: 42바이트
보낼 데이터 설정:
500000FF03FF00001C00001401000
1Y*00000000041100
위의 데이터를 ASCII로 설정한 후에 데이터 보내기 버튼을 누르면 PLC의 Y0, Y1이 ON 된다.

[그림 4-12] 출력 메모리 쓰기위한 SLMP 요청 스테이트먼트 전송 및 응답 수신

[그림 4-12]는 PLC의 출력 메모리에 쓰기 위한 스테이트먼트 중에서 고정된 스테이트먼트를 제외하고 사용자가 설정해야 할 스테이트먼트의 구성을 나타낸 것이다. [표 8]에서 전송 바이트 수는 예비 항목부터 시작해서 설정값까지의 바이트 개수는 28개로 28을 16진수로 표현하면 0x1C가 된다. 출력 메모리에 비트 단위로 쓰

기를 하기 때문에 [그림 4-12]의 커맨드에는 일괄 쓰기의 1401로 설정되고, 서브 커맨드에서는 비트 단위의 쓰기이기 때문에 0001이 설정된다. 그리고 메모리 타입에는 출력 메모리이기 때문에 Y*이 설정되고, 메모리 시작 번지는 Y0부터이기 때문에 000000으로 설정, 쓰기 할 데이터가 Y0 ~ Y3까지 4개의 비트이기 때문에 메모리 개수에는 0004을 설정하고, 출력에 쓰기 할 값이 Y0, Y1을 ON, Y2, Y3을 OFF 하기 위해서는 1101을 설정한다.

[표 4-8] 출력 메모리 쓰기용 응답 스테이트먼트의 사용자 설정 항목

0	0	1	C	0	0	0	0	1	4	0	1	0	0	0	1	Y	*	0	0	0	0	0	0
0x1C = 28				예비(고정값)				커맨드				서브 커맨드				타입		메모리 시작 번지					
전송 바이트 수				1	2	3	4	5	6	7	8	9	10	11	12	13	14	15	16	17	18	19	20

0	0	0	4	1	1	0	0
메모리 개수				설정값			
21	22	23	24	25	26	27	28

4) FX5U PLC의 입력 메모리를 워드 단위로 읽어오기

X0~XF, X10~X1F의 16비트 크기 워드 단위로 입력 메모리를 읽기 위한 커맨드 스테이트먼트를 작성한 후에 PLC로 전송한다. 전송하기 전에 X0~X3을 ON 상태로 설정한다.

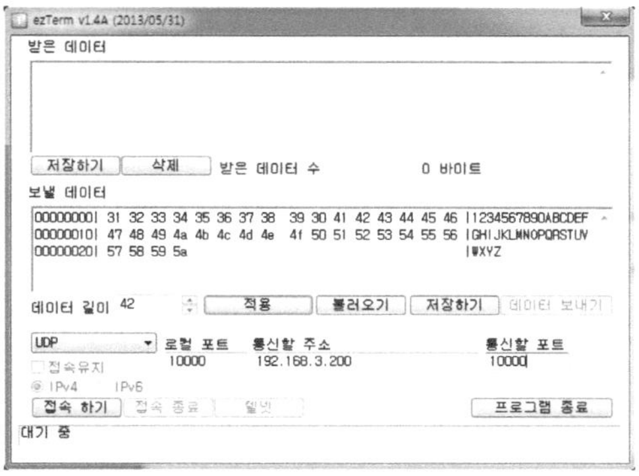

통신 방식: UDP
로컬 포트: 10000
통신할 주소: 192.168.3.200(FX5U IP)
통신할 포트: 10000
데이터 길이: 42바이트
보낼 데이터 설정:
500000FF03FF000018000000401000
1X*0000000001
위의 데이터를 ASCII로 설정한 후에 데이터 보내기 버튼을 누르면 PLC로부터 응답 스테이터먼트가 수신되면 수신 데이터 맨 뒤에서 4바이트가 X0 ~ X3의 데이터이다.

[그림 4-13] 입력 메모리 워드 단위 읽기 SLMP 요청 스테이트먼트 전송 및 응답 수신

[표 4-9]는 PLC의 입력 메모리를 읽기 위한 스테이트먼트 중에서 고정된 스테이트먼트를 제외하고 사용자가 설정해야 할 스테이트먼트의 구성을 나타낸 것이다.

[표 4-9] FX5U PLC 입력 메모리 워드 읽기 요청 스테이트먼트 사용자 설정 항목

0	0	1	8	0	0	0	0	0	4	0	1	0	0	0	0	X	*	0	0	0	0	0	0	0	0	0	1
0x18 = 24				예비				커맨드				서브 커맨드				타입		메모리 시작 번지						메모리 개수			
전송 바이트 수				1	2	3	4	5	6	7	8	9	10	11	12	13	14	15	16	17	18	19	20	21	22	23	24

워드 단위로 입력 메모리를 읽기 위한 스테이트먼트를 PLC로 전송하면 PLC는응답 스테이트먼트를 전송한다. 응답 스테이트먼트에서 맨 뒤에서 4바이트가 1워드에 해당되는 입력 메모리에 설정된 값이다. 해당 데이터는 16진수 값으로 반환되고 비트별 입력 번지는 [표 4-10]과 같다. 입력 X0 ~ X3을 ON으로 설정한 상태에서 입력 메모리를 읽었기 때문에 맨 마지막 바이트가 F로 설정된 것이다.

[표 4-10] 입력 메모리 워드 읽기 응답 스테이트먼트의 비트별 입력 번지

0				0				0				F			
0	0	0	0	0	0	0	0	0	0	0	0	1	1	1	1
X17	X16	X15	X14	X13	X12	X11	X10	X7	X6	X5	X4	X3	X2	X1	X0

5) FX5U PLC의 출력 메모리 Y0 ~ Y7 / Y10 ~ Y17의 설정값을 워드 단위로 쓰기

출력 메모리에 워드 단위로 데이터를 쓰기 위한 커맨드 스테이트먼트를 작성한 후에 PLC로 전송한 후에 PLC의 출력 Y0 ~ Y7 / Y10 ~ Y17의 ON/OFF 상태가 어떻게 설정되는지 확인해 보자.

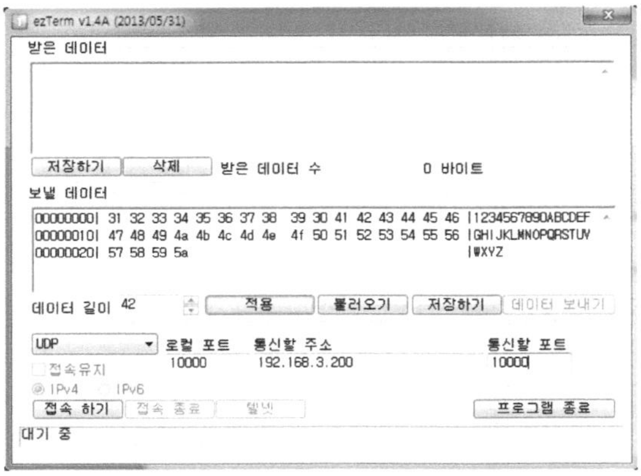

통신 방식: UDP
로컬 포트: 10000
통신할 주소: 192.168.3.200(FX5U IP)
통신할 포트: 10000
데이터 길이: 42바이트
보낼 데이터 설정:
500000FF03FF00001C00001401000
0Y*00000000011234
위의 데이터를 ASCII로 설정한 후에 데이터 보내기 버튼을 누르면 PLC의 Y0, Y1이 ON된다.

[그림 4-14] 출력 메모리 Y0 ~ Y7 / Y10 ~ Y17의 설정값을 워드 단위로 쓰기

[표 4-11]은 PLC의 출력 메모리에 쓰기 위한 스테이트먼트 중에서 고정된 스테이트먼트를 제외하고 사용자가 설정해야 할 스테이트먼트의 구성을 나타낸 것이다.

[표 4-11] 출력 메모리 워드 단위로 쓰기에서 사용자가 설정할 스테이트먼트의 구성

0	0	1	C	0	0	0	0	1	4	0	1	0	0	0	1	Y	*	0	0	0	0	0	0
0x1C = 28				예비				일괄 쓰기				비트 단위				출력		출력 시작 번지					
전송 바이트 수				1	2	3	4	5	6	7	8	9	10	11	12	13	14	15	16	17	18	19	20

0	0	0	1	1	2	3	4
쓰기 워드 수				쓰기 설정값			
21	22	23	24	25	26	27	28

[표 4-11]의 스테이트먼트 구성 중에 맨 마지막 항목이 PLC의 출력 메모리에 워드 단위로 쓰기 하는 값이다. 해당 쓰기 값은 [표 4-12]처럼 워드 단위의 값이 16비트로 나뉘어서 각각의 출력 메모리에 설정된다.

[표 4-12] 출력 메모리 워드 단위로 쓰기에서 비트별 출력 번지

1				2				3				4			
0	0	0	1	0	0	1	0	0	0	1	1	0	1	0	0
Y17	Y16	Y15	Y14	Y13	Y12	Y11	Y10	Y7	Y6	Y5	Y4	Y3	Y2	Y1	Y0

6) FX5U PLC의 내부 메모리 D0에 워드 단위의 값을 쓰기

내부 메모리에 워드 단위로 데이터를 쓰기 위한 커맨드 스테이트먼트를 작성한 후에 PLC로 전송한 후에 GX Work3에서 PLC 모니터링 기능을 사용해서 어떤 값이 설정되는지를 확인한다.

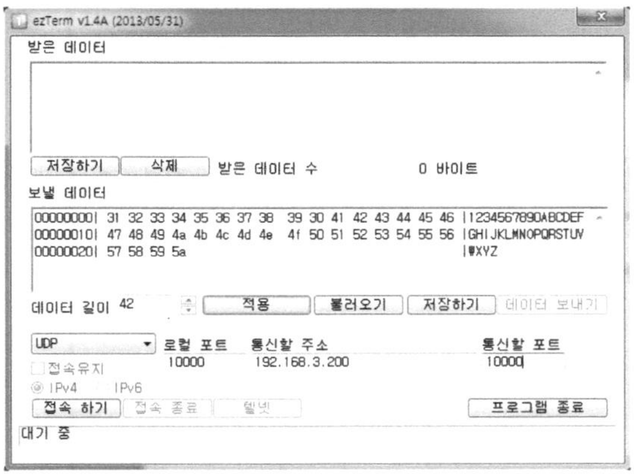

통신 방식: UDP
로컬 포트: 10000
통신할 주소: 192.168.3.200(FX5U IP)
통신할 포트: 10000
데이터 길이: 42바이트
보낼 데이터 설정:
500000FF03FF00001C00001401000
0D*00000000011234
위의 데이터를 ASCII로 설정한 후에 데이터 보내기 버튼을 누르면 PLC의 Y0, Y1이 ON 된다.

[그림 4-15] 내부 메모리 D0에 워드 단위의 값을 쓰기

[표 4-13]은 PLC의 출력 메모리에 쓰기 위한 스테이트먼트 중에서 고정된 스테이트먼트를 제외하고 사용자가 설정해야 할 스테이트먼트의 구성을 나타낸 것이다.

[표 4-13] 내부 메모리 D0에 워드 단위의 값을 쓰기 스테이트먼트의 구성

0	0	1	C	0	0	0	0	1	4	0	1	0	0	0	1	D	*	0	0	0	0	0	0
0x1C = 28				예비				일괄 쓰기				비트 단위				출력		출력 시작 번지					
전송 바이트 수				1	2	3	4	5	6	7	8	9	10	11	12	13	14	15	16	17	18	19	20

0	0	0	1	1	2	3	4
쓰기 워드 수				쓰기 설정값			
21	22	23	24	25	26	27	28

[표 4-13]의 스테이트먼트 구성 중에 맨 마지막 항목이 PLC의 출력 메모리에 워드 단위로 쓰기 하는 값이다. 해당 쓰기 값은 [표 4-14]처럼 워드 단위의 값이 16비트로 구분해서 각각의 출력 메모리에 설정된다.

[표 4-14] 내부 메모리 워드 단위로 쓰기에서 비트별 출력 번지

1				2				3				4			
0	0	0	1	0	0	1	0	0	0	1	1	0	1	0	0
D0.17	D0.16	D0.15	D0.14	D0.13	D0.12	D0.11	D0.10	D0.7	D0.6	D0.5	D0.4	D0.3	D0.2	D0.1	D0.0

실습 과제 멜섹Q 와 FX5U PLC의 이더넷 SLMP통신

멜섹Q PLC와 FX5U PLC를 이더넷 UDP 통신으로 연결하여 멜섹Q PLC에서 FX5U PLC의 입출력 데이터를 읽고 쓰는 프로그램 작성법에 대해 살펴보자.

멜섹Q PLC CPU의 이더넷의 UDP/IP 통신을 이용한 SLMP 프로토콜을 사용해서 FX5U PLC의 입출력 데이터를 제어하는 프로그램 작성법에 대해 살펴보자.

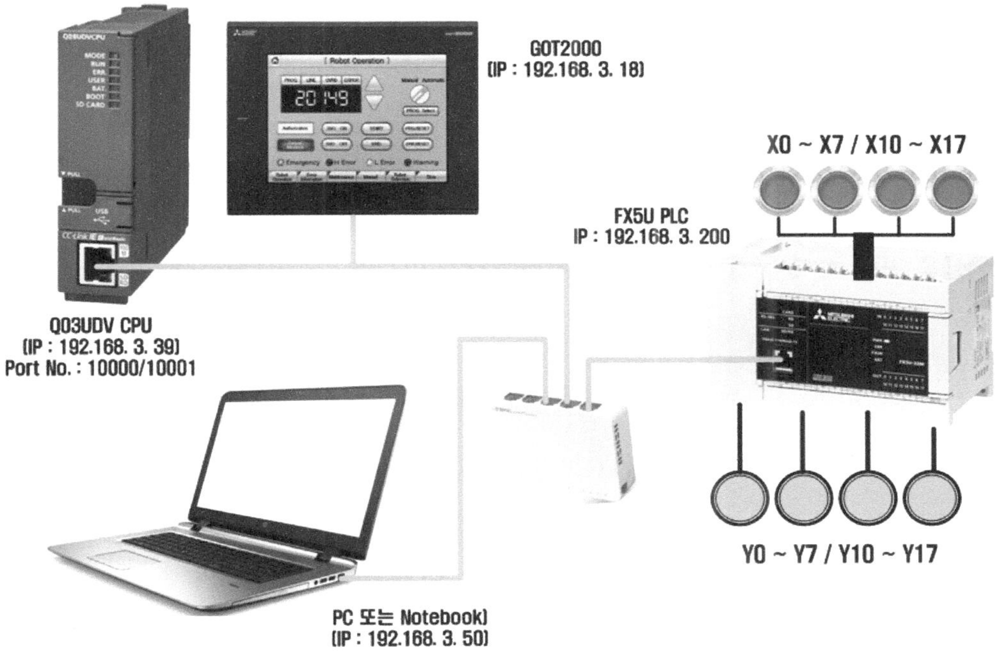

[그림 4-16] SLMP 통신을 위한 PLC 시스템 구성

1. FX5U PLC의 파라미터 설정 및 프로그램 작성

1) SLMP 통신을 위한 파라미터 설정

멜섹Q PLC가 클라이언트가 되어 SLMP 프로토콜로 FX5U PLC의 입출력 데이터를 읽거나 쓰기 위한 파라미터 설정은 〈실습 과제 1〉에서처럼 SLMP 소켓을 만들고 커넥션을 위한 멜섹Q PLC의 IP를 설정하면 된다.

2) FX5U PLC 프로그램 작성

FX5U PLC는 SLMP 통신에서 서버로 동작할 것이기 때문에 별도의 프로그램 작성을 필요로 하지 않는다. 클라이언트에 해당되는 멜섹Q PLC가 SLMP의 커맨드 스테이트먼트를 전송하면 FX5U PLC의 O/S가 수신한 스테이트먼트를 판별한 후에 응답 스테이트먼트를 멜섹Q PLC로 전송하게 된다.

2. 멜섹Q PLC의 파라미터 설정 및 프로그램 작성

1) SLMP 통신을 위한 파라미터 설정

멜섹Q PLC 이더넷 통신의 UDP를 사용하여 FX5U PLC와 SLMP 프로토콜로 통신을 위한 소켓과 커넥션 작업을 위한 FX5U PLC의 IP를 설정한다.

2) 멜섹Q PLC의 프로그램 작성

멜섹Q PLC에서 FX5U PLC의 입력과 출력 메모리를 읽기 위해서는 첫 번째 FX5U PLC의 입력 메모리를 읽기 위한 커맨드 스테이트먼트를 전송한 후에 FX5U PLC의 응답 스테이트먼트를 수신하고, 두 번째는 FX5U PLC의 출력 메모리에 데이터를 쓰기 위한 커맨드 스테이트먼트를 전송한 후에 FX5U PLC의 응답 스테이트먼트를 수신해야 한다. 실습에 사용하는 SLMP 프로토콜은 ASCII 방식을 사용하기 때문에 PLC 메모리의 바이너리 값을 ASCII로 변환 후에 전송해야 한다. [그림 4-17]에 바이너리를 ASCII로 변환하는 명령어에 대해 나타내었다.

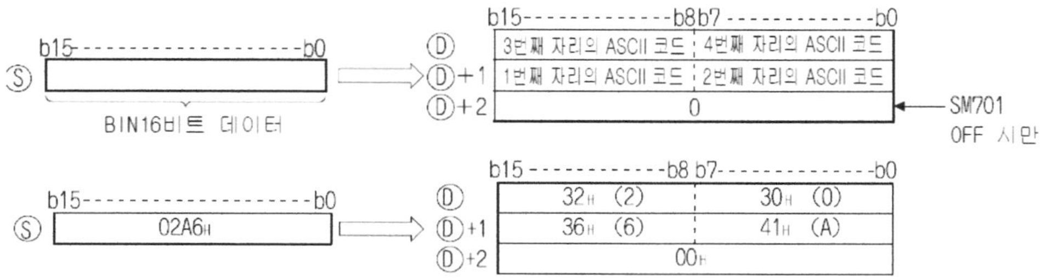

[그림 4-17] 바이너리 데이터의 ASCII 코드로 변환하는 명령

3) 멜섹Q에서 UDP 소켓 통신으로 FX5U PLC의 출력 제어 프로그램

PLC의 프로그램은 FX5U PLC 출력 제어와 FX5U PLC 입력 읽어오기를 별도로 작성해서 확인한 후에 2개의 프로그램을 1개의 프로그램으로 만드는 과정을 거치게 한다.

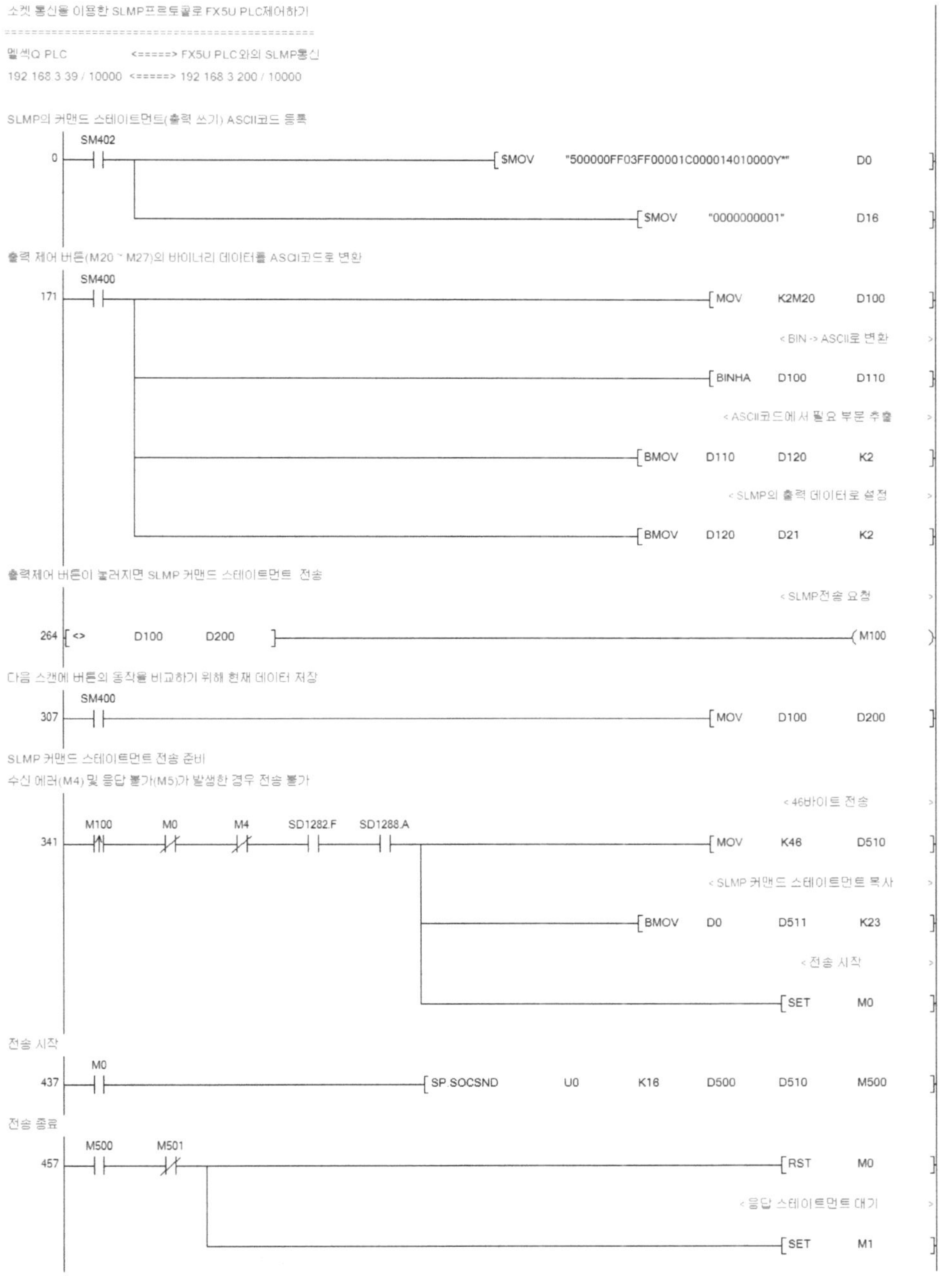

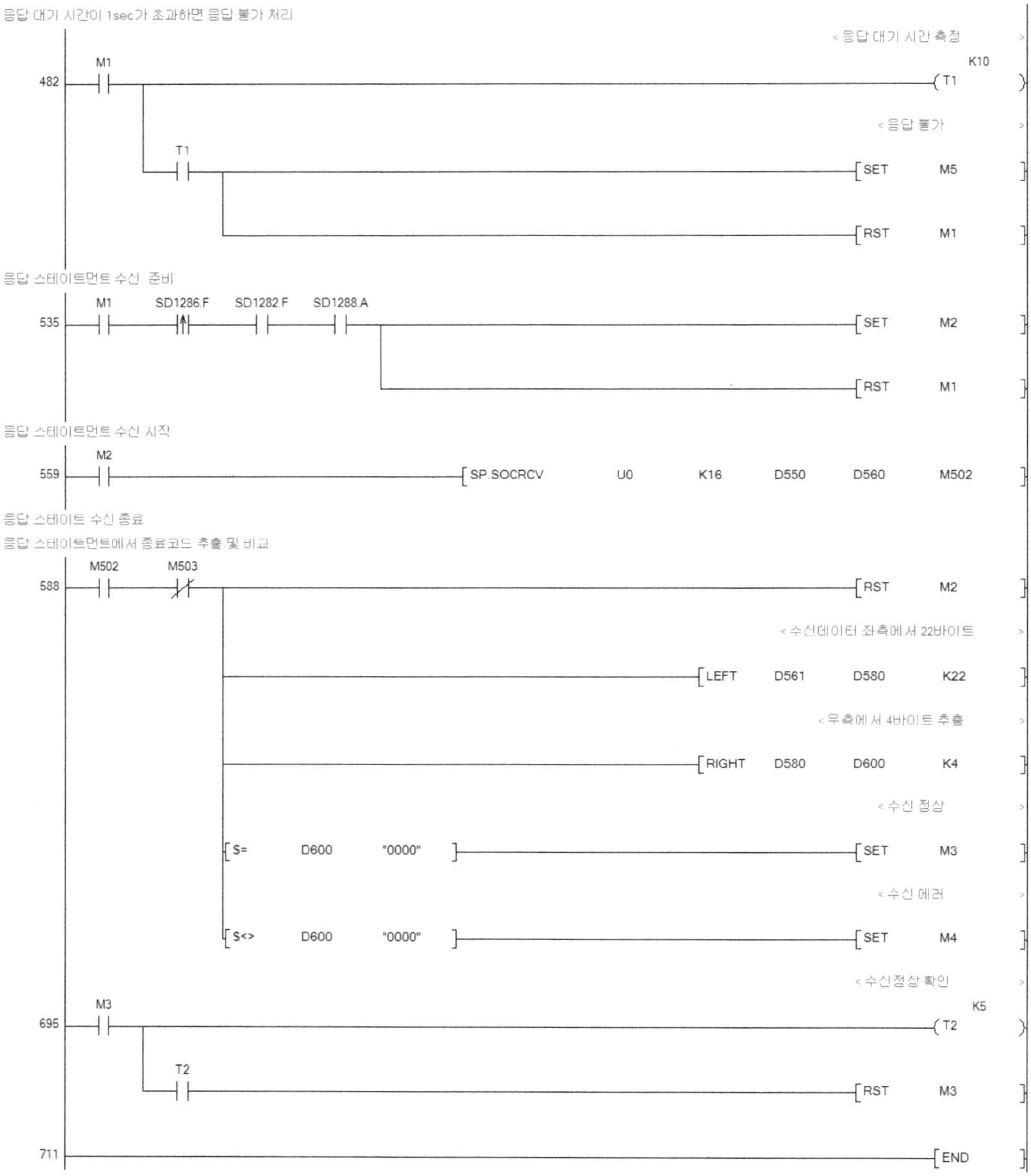

[프로그램 4-1] SLMP 프로토콜로 FX5U PLC의 출력 제어

4) 멜섹Q에서 UDP 소켓 통신으로 FX5U PLC의 입력 읽어오기 프로그램

SLMP 통신으로 멜섹Q PLC에서 FX5U PLC 입력을 읽어오는 프로그램 작성법에 대해 살펴보자.

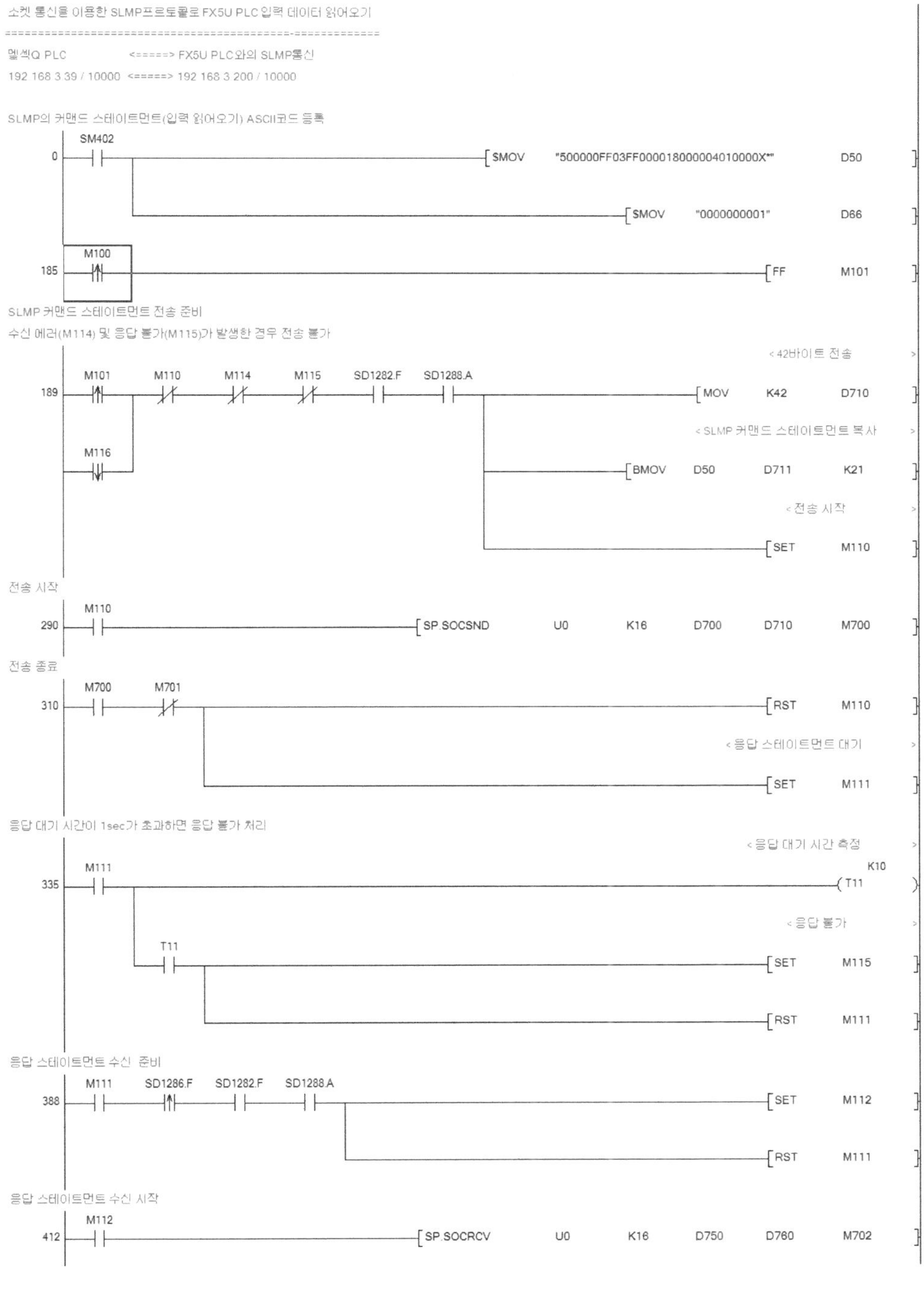

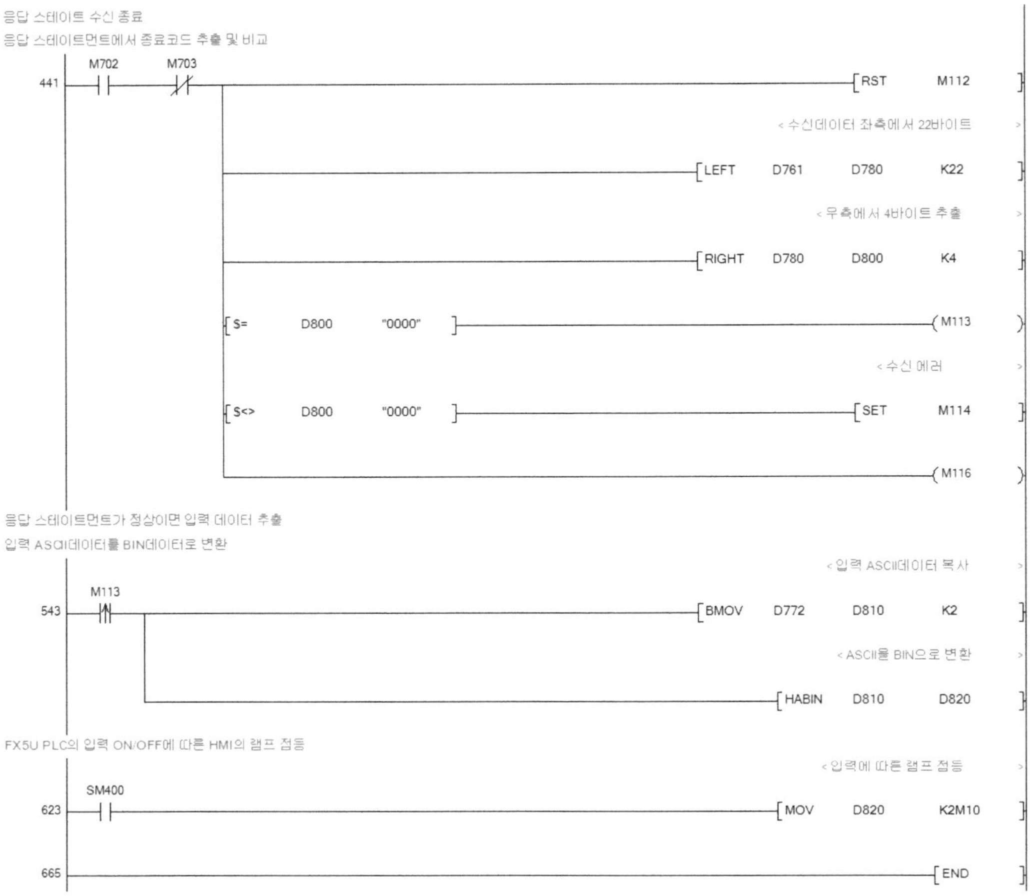

[프로그램 4-2] 멜섹Q에서 UDP 소켓 통신으로 FX5U PLC의 입력 읽어오기

5) 멜섹Q에서 UDP 소켓 통신으로 FX5U PLC의 입출력 데이터 읽거나 쓰기

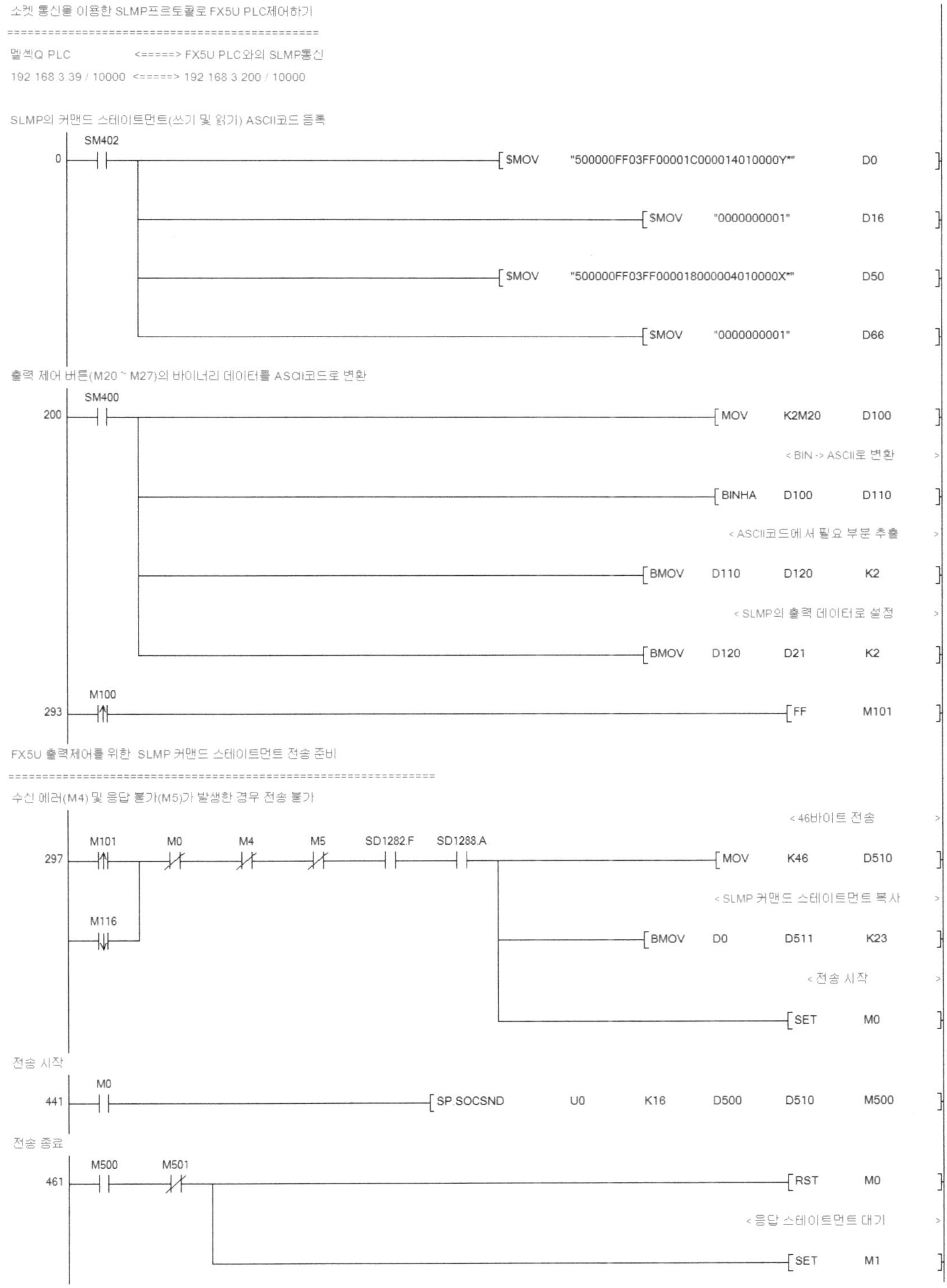

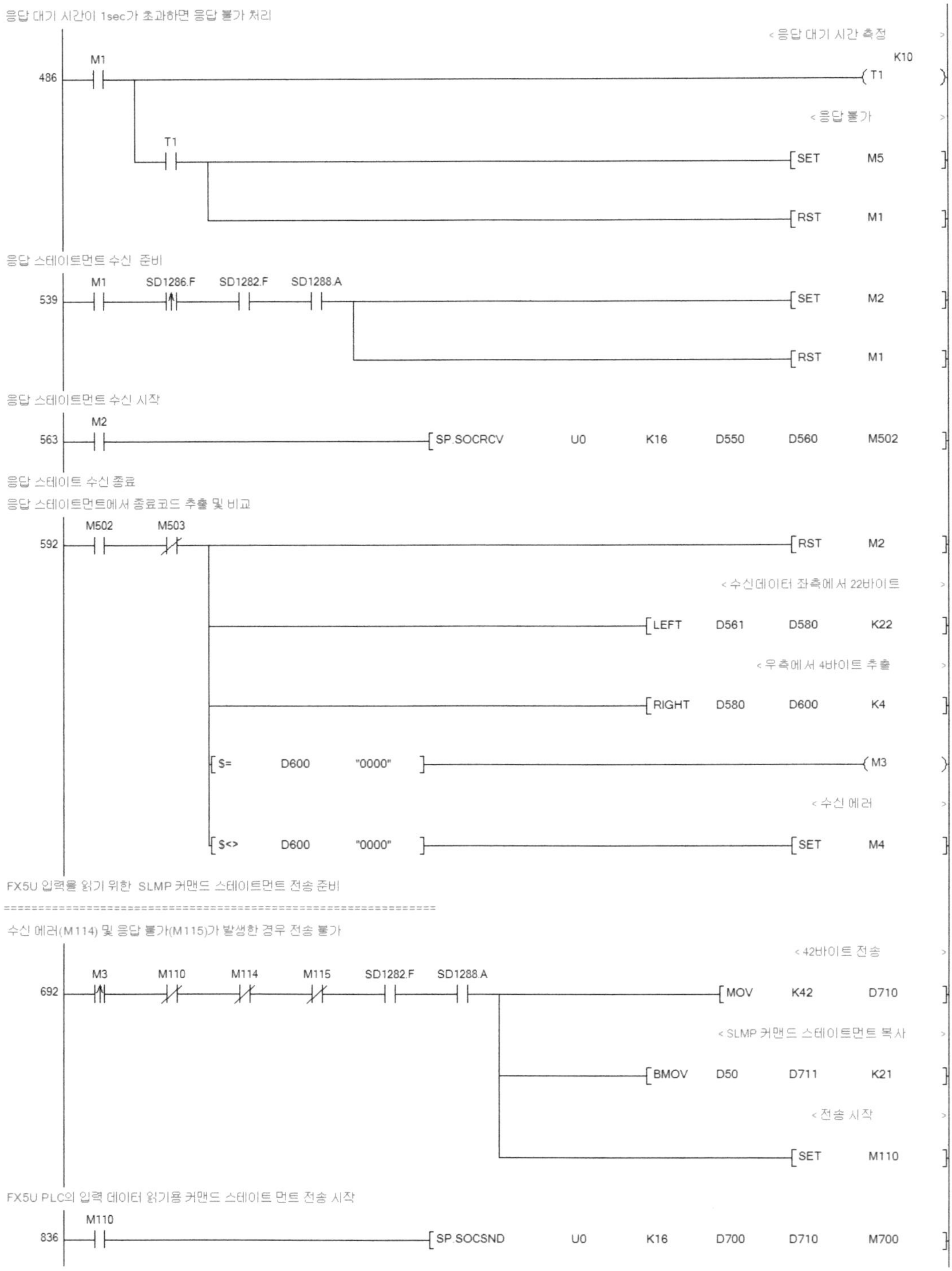
응답 대기 시간이 1sec가 초과하면 응답 불가 처리
486
M1
응답 대기 시간 측정
K10
T1
응답 불가
T1
SET M5
RST M1
응답 스테이트먼트 수신 준비
539
M1
SD1286.F
SD1282.F
SD1288.A
SET M2
RST M1
응답 스테이트먼트 수신 시작
563
M2
SP.SOCRCV U0 K16 D550 D560 M502
응답 스테이트 수신 종료
응답 스테이트먼트에서 종료코드 추출 및 비교
592
M502
M503
RST M2
수신데이터 좌측에서 22바이트
LEFT D561 D580 K22
우측에서 4바이트 추출
RIGHT D580 D600 K4
$= D600 "0000"
M3
수신 에러
$<> D600 "0000"
SET M4
FX5U 입력을 읽기 위한 SLMP 커맨드 스테이트먼트 전송 준비
==
수신 에러(M114) 및 응답 불가(M115)가 발생한 경우 전송 불가
42바이트 전송
692
M3
M110
M114
M115
SD1282.F
SD1288.A
MOV K42 D710
SLMP 커맨드 스테이트먼트 복사
BMOV D50 D711 K21
전송 시작
SET M110
FX5U PLC의 입력 데이터 읽기용 커맨드 스테이트 먼트 전송 시작
836
M110
SP.SOCSND U0 K16 D700 D710 M700

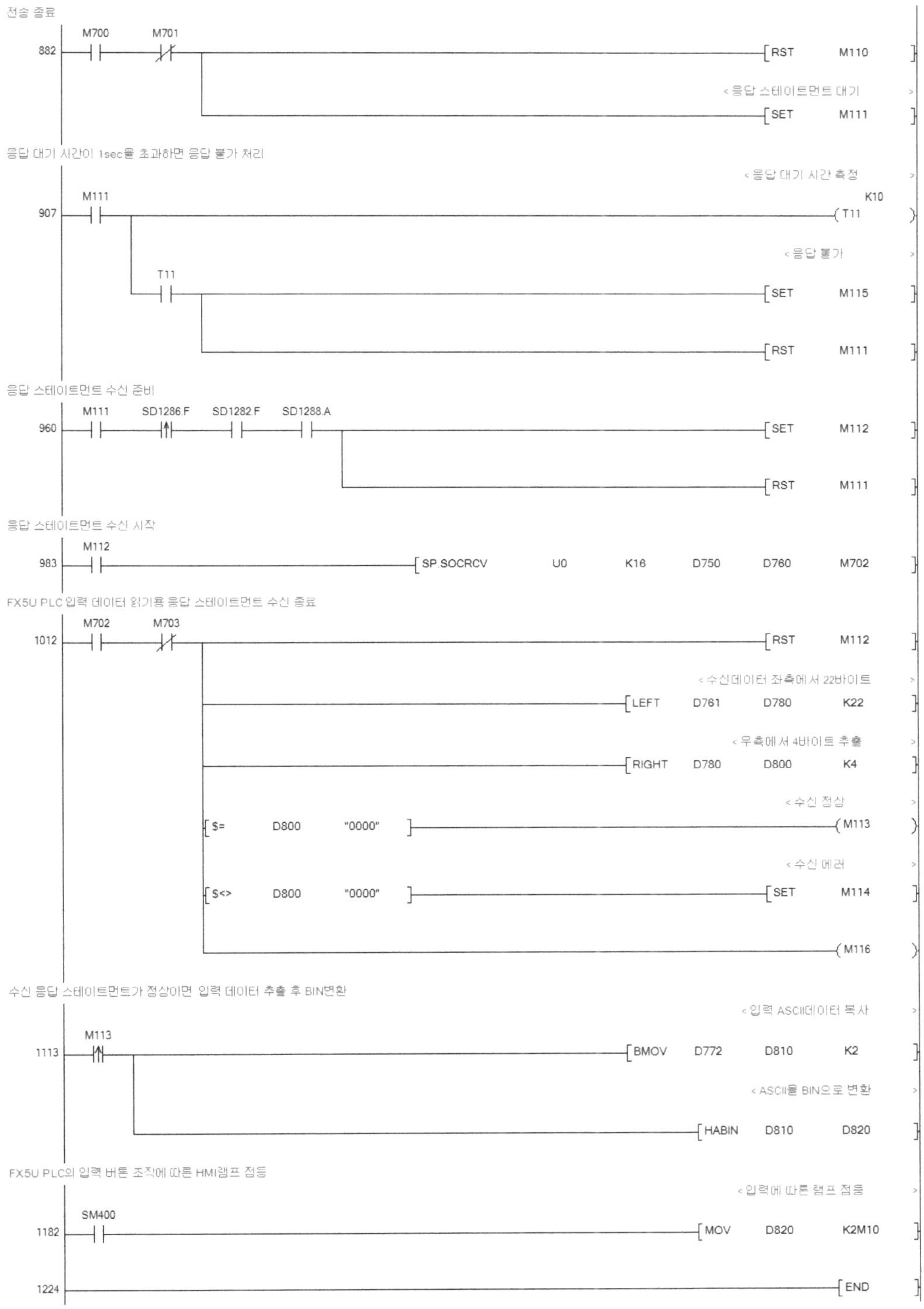

[프로그램 4-2] 멜섹Q에서 UDP 소켓 통신으로 FX5U PLC의 입출력 읽기와 쓰기

PART V C# 시작하기

단원 소개

C#은 마이크로소프트에서 개발한 언어로 윈도우 프로그램 개발에 유리하고 클래스, 인터페이스, 위임, 예외와 같이 객체 지향 언어로서 가져야 할 모든 요소들이 포함되어 있다. Factory 환경에서 필요한 모든 개발 도구와 기회를 제공하는 C#언어는 앞으로도 산업 현장에서 지속적으로 확장성이 용이할 것으로 전망된다.
이번 단원에서는 C# 기반 콘솔 애플리케이션과 윈폼 애플리케이션의 사용 방법에 대해 알아보고 기본적인 프로그래밍 코드를 작성하여 프로그램이 어떻게 실행되는지 살펴본다.

CHAPTER 01

스마트제조& 아두이노-PLC 통신 및 C# 프로그래밍

Hello World - Console Application

학습목표

1. C# 기반 콘솔 애플리케이션에 대해 설명할 수 있다.
2. 콘솔 애플리케이션을 활용하여 샘플 프로그래밍을 작성할 수 있다.

1. C# 시작하기

어떤 프로그램 언어라도 처음에 Hello World라는 프로그램을 작성하는데, 학습하고자 하는 프로그램을 이용하여 Hello World라는 문자를 화면에 표시해보자.

[그림 1-1] Hello World 화면 표시

컴퓨터에 Hello World라는 문자를 표시하기 위해서는 그 문자를 표시할 대상이 필요한데, 우리는 가장 먼저 콘솔창(명령 프롬프트)에 문자를 표시한다. 먼저 콘솔창을 실행시켜서 확인한다.

[그림 1-2] 명령 프롬프트 선택

[그림 1-3] 명령 프롬프트 실행창

콘솔창(명령 프롬프트)은 프로그램을 실행하고 결과를 볼 수 있도록 제공되는 가장 기본적인 프로그램 도구이며 이 콘솔창에서 작동하는 프로그램을 콘솔 애플리케이션이라고 한다.

2. 프로젝트 만들기

Hello World를 콘솔창에 표시하기 위해 새로운 프로젝트를 하나 만들어 보자.

[그림 1-4] 새 프로젝트

- 프로젝트란 특정한 목적을 가지고 만들어진 프로그램의 조합을 말하며, 우리는 Hello World라는 문자를 콘솔창에 표시하기 위한 특별한 목적을 가지고 있기 때문에, "콘솔 응용 프로그램"을 선택한다.
- C#의 각종 프로젝트 타입은 학습 진도에 따라 설명되며, 응용 프로그램이란 용어는 Application의 번역이며 따라서 이후에는 Application이라고도 표시한다.

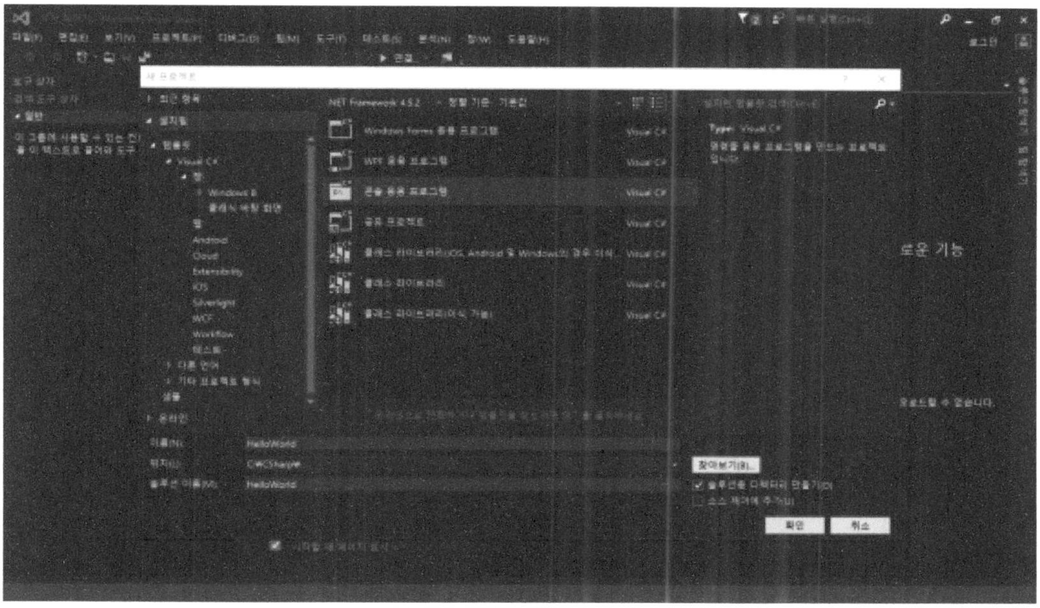

[그림 1-5] 콘솔 응용 프로그램

- 프로젝트의 프로그램들이 저장될 디렉토리를 선택하고, 프로젝트의 이름은 Hello World이라고 한다.
- 솔루션용 디렉터리 만들기가 체크되어 있는데 이는 선택된 폴더 아래에 새로운 디렉토리를 만들어 거기에 프로그램 코드와 실행 프로그램을 저장하겠다는 의미이다.

3. 콘솔 Application 살펴보기

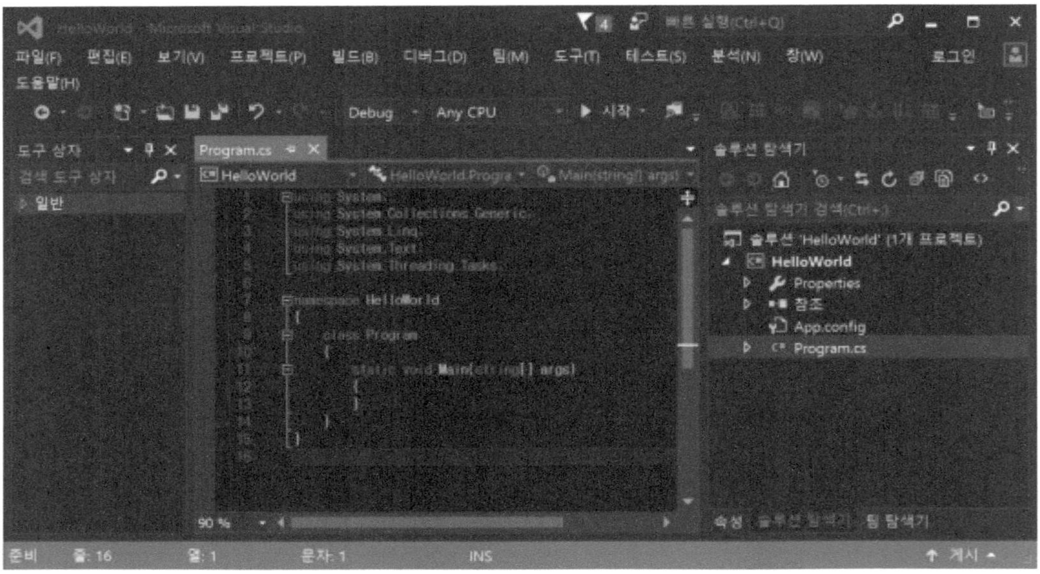

[그림 1-6] Program.cs 코드 화면

(1) 솔루션 탐색기 & Program.cs

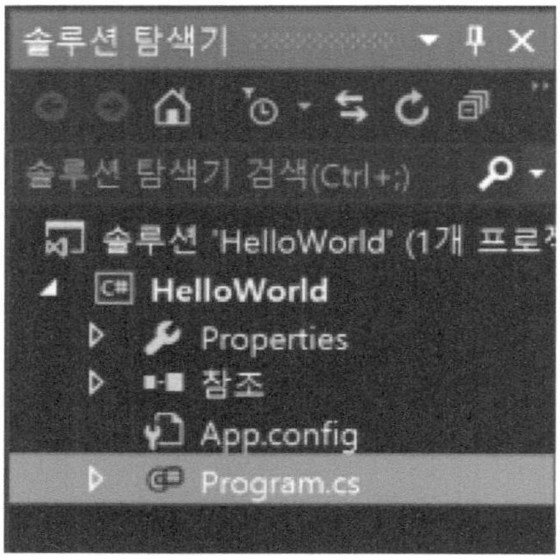

[그림 1-7] 솔루션 탐색기

- 콘솔 Application을 선택하면 C#은 기본적인 코드를 제공하는데 솔루션 탐색기의 Program.cs에 있는 내용이다 .
- cs라는 확장자를 가진 파일이 C# 파일이다. 우리는 C#을 통해 다양한 cs 파일을 만

들고 열어서 코드를 작성하기도 한다 .

- 과정을 통해 설명이 반복되므로 용어보다는 프로그램의 체계나 개념을 이해하도록 노력할 필요가 있다.

(2) 기본 제공 프로그램 살펴보기

- 프로그램 창을 살펴보면 크게 두 개의 블록으로 구성되어 있다. 하나는 using으로 시작하는 부분이고, 하나는 namespace로 시작하는 부분이다.

[그림 1-8] using 및 namespace

[표 1-1] 프로그램 창 블록 설명

구분	설명
Keyword	- using이나 namespace와 같은 것을 keyword라고 한다. - keyword는 컴파일러에서 특별한 의미를 가지는 미리 정의된 예약 식별자이다. - 과정을 진행하면서 새로운 keyword가 나오면 과정 진행을 위해 필요한 keyword를 중심으로 설명한다.
namespace	- namespace는 프로그램을 담아 두는 일종의 울타리를 선언하는 keyword이다. - namespace 안에 각종 기능을 하는 프로그램들을 작성한다. - C#에서는 기본적으로 프로젝트 이름과 동일하게 namespace를 만들어 준다.
using	- using이라는 keyword는 다양하게 사용되는데, 여기서는 남들이 만들어 놓은 namespace에 있는 기능을 사용하겠다는 의미이다. - using이라는 keyword로 선언되어 참조되는 것들도 모두 namespace로 명명되어 만들어진 것이다. - C#에는 이미 구현된 많은 프로그램이 있고, 콘솔 Application을 작성함에 있어서 필요하다고 여겨지는 것들을 기본 코딩으로 제공하고 있다. - 기본적으로 제공된 것 중에서 Hello World를 콘솔창에 표시하기 위해 필요한 namespace는 System 중 하나이다. 따라서 나머지는 지워도 상관없다.

(3) Hello World 살펴보기

– Hello World라는 namespace 속에 C#이 기본적으로 제공하는 프로그램을 살펴보자.

```
namespace HelloWorld // 프로젝트
{
    class Program // 클래스
    {
        static void Main(string[] args) // 함수
        {
            // 여기에 코드 작성
        }
    }
}
```

[그림 1-9] 프로그램

[표 1-2] 프로그램 구조 설명

구분	설명
프로그램 블록	- 중괄호로 묶여 있는 부분을 프로그램 블록이라고 한다. - namespace라는 keyword로 묶여 있는 프로그램 블록, 그 안에 Class라는 keyword로 묶인 프로그램, 그 안에 static이라는 keyword로 시작하는 프로그램 블록이 있다.
Class	- Class라는 keyword로 묶여 있는 프로그램 블록을 Class라고 부른다. - Class는 나중에 설명한다.
Program Class	- 이 Program Class는 OS를 사용한다. HelloWorld라는 프로그램이 실행되면 Windows OS는 이 Program Class를 가장 먼저 호출한다. - 즉 모든 콘솔 Application은 어떤 이름을 갖더라도 이 Program Class부터 시작한다.
함수	- static으로 시작하는 프로그램 블록을 함수라고 하는데, Main이 함수의 이름이다. C#에서는 함수를 메소드라고 부른다. - 함수에 대해서는 이후에 배우게 될 것이므로 현재로서는 콘솔 Application에서는 Program Class 내에 Main이라는 함수가 무조건 존재해야 하고, OS에 의해 Program Class가 호출되면 이 Main이라는 함수가 가장 먼저 시작되면서 Application이 시작된다고만 알고 넘어간다.
프로그램 작성	- Windows가 이 Main이라는 함수를 무조건 실행하므로, 이 함수의 프로그램 블록 안에 프로그램을 추가한다. - C#은 대소문자를 구분한다.

4. Hello World 프로젝트의 코드 작성

(1) Console Class

– Hello World라는 문자를 콘솔창에 표시하기 위해서는 콘솔창을 통한 입력과 출력을 가능하게 하는 "Console"이라는 Class를 사용한다.

[그림 1-10] 코드 작성

– System이라는 namespace에 들어 있는 Class라는 뜻인데, C#이 기본 프로그램 코드를 제공할 때 using이라는 keyword를 통해 System이라는 namespace를 사용할 수 있도록 선언해 주었기 때문에 사용할 수 있다.

(2) Console.Write

– Console이라는 Class의 사용할 수 있는 기능은 Dot 연산자를 통해서 접근한다.

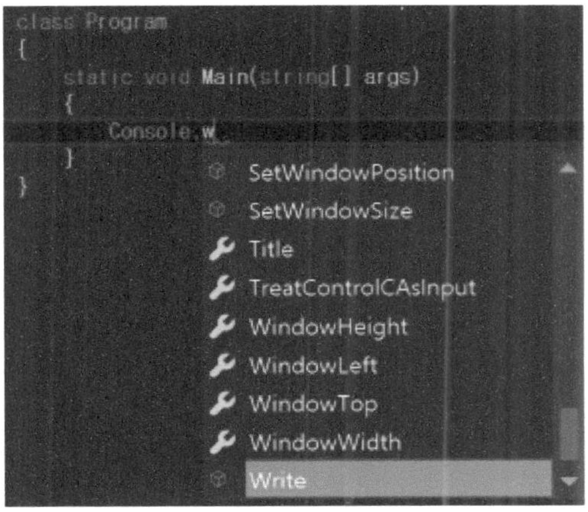

[그림 1-11] 코드 작성

– Write()는 콘솔에 문자열을 적는 명령어이다.

[그림 1-12] Write() 함수 원형

이 구문을 통해서 Write는 함수이며 , 18가지의 방법으로 입력이 가능하다는 것을 알 수 있다.

– 코드를 완성한다.
  문자열은 " " 안에 표현하며, 하나의 문장은 세미콜론으로 마무리한다.

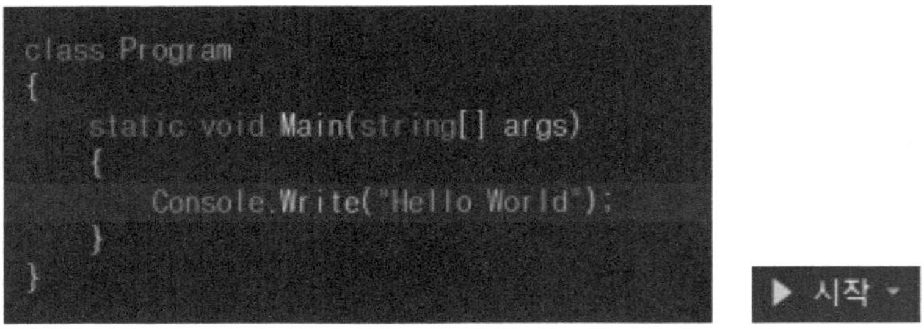

[그림 1-13] 코드 작성

아무 변화가 없는 것 같지만 사실은 프로그램이 실행되고 종료된 것이다.

(3) Console.ReadKey()

– ReadKey()는 어떤 키를 받을 때까지 콘솔창이 열려 있도록 하는 명령어이다.

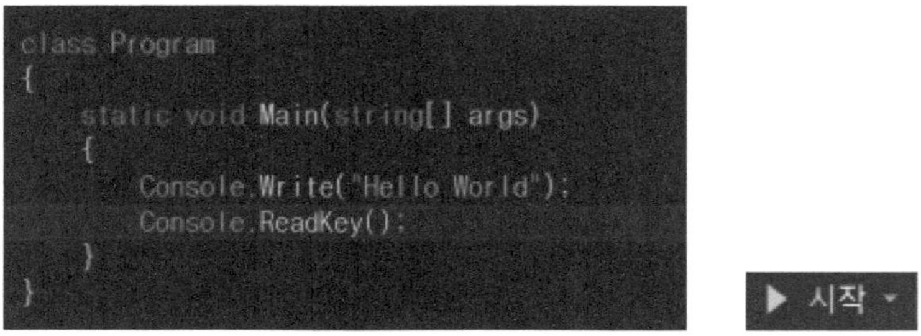

[그림 1-14] 코드 작성

[그림 1-15] 코드 실행

- Key 입력 대기 상태이므로 어떤 Key든 입력을 하면 종료한다.

- 다른 문자도 써 넣어 보자.

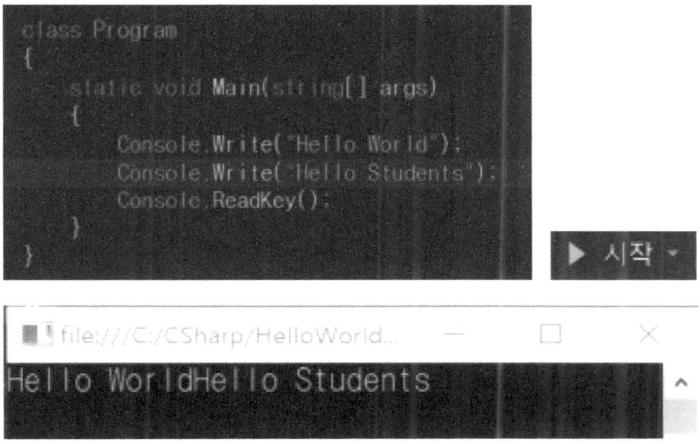

[그림 1-16] 코드 확인 및 실행

(4) Console.WriteLine()

- WriteLine()은 문자를 찍은 후에 줄을 바꿔 주는 명령어이다.

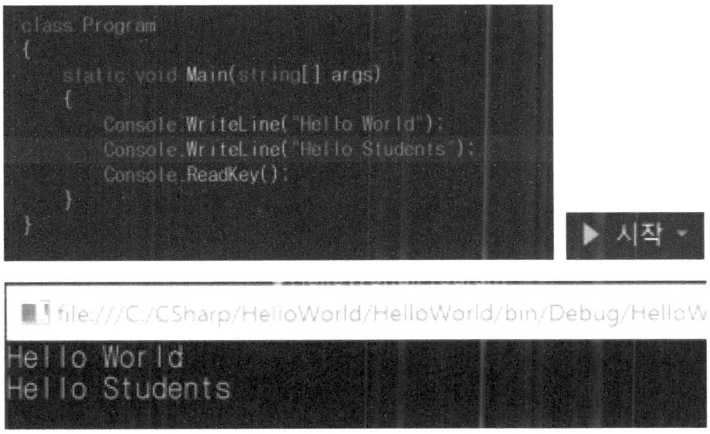

[그림 1-17] 코드 확인 및 실행

5. 콘솔창에서 프로그램 실행

– 콘솔 프로그램이므로 콘솔창에서 직접 실행할 수 있다.

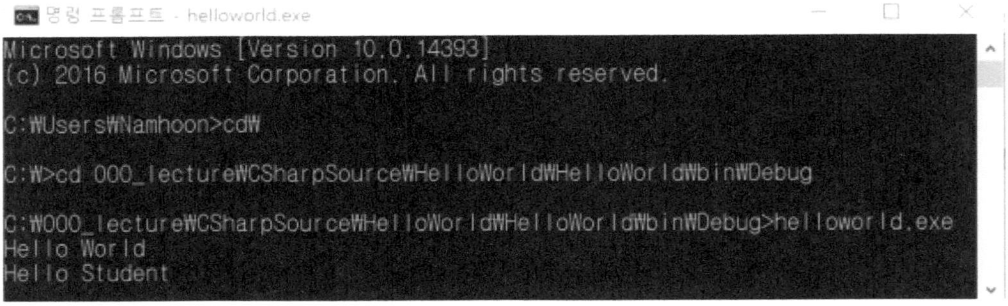

[그림 1-18] 콘솔창 코드 확인

CHAPTER 02

스마트제조& 아두이노-PLC 통신 및 C# 프로그래밍

Hello World - Windows Forms Application

학습 목표

1. C# 기반 윈폼 애플리케이션에 대해 설명할 수 있다.
2. 윈폼 애플리케이션을 활용하여 샘플 프로그래밍을 작성할 수 있다.

1. 프로젝트 만들기

- 이번에 해볼 것도 Hello World 프로젝트이다. 기존의 콘솔 Application과는 다른 형태인 Windows Forms Application이라는 프로그램을 작성해 보자.
- [새 프로젝트] 〉〉 Windows Forms 응용 프로그램 〉〉 이름: HelloCSharp

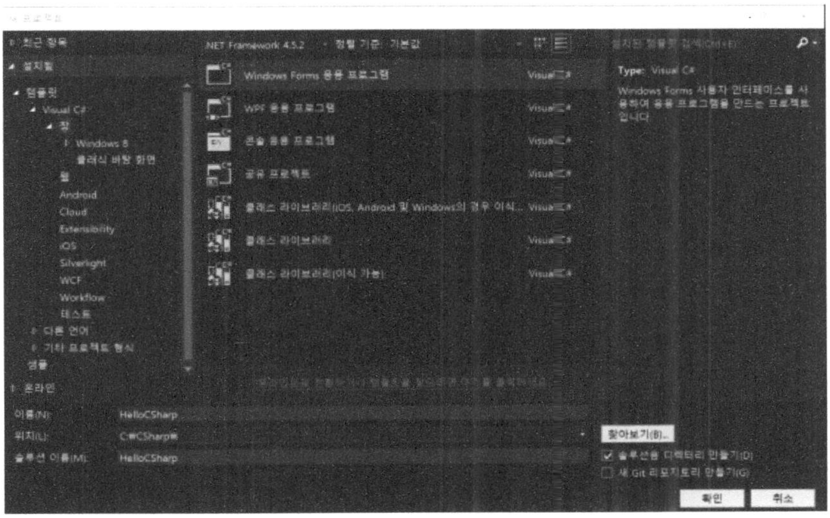

[그림 2-1] Windows Forms 응용 프로그램

– 기본적으로 Form이라는 것이 디자인 view로 제공되는데, 우리가 일반적으로 접하는 입력창, 버튼, 체크박스 등을 여기에 배치하게 된다.

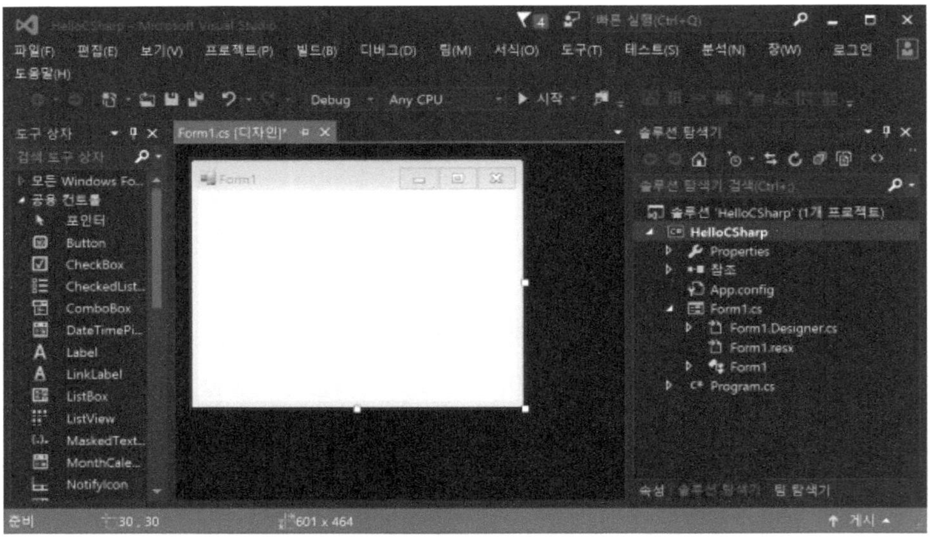

[그림 2-2] Windows Forms Application 기본 구성

[표 2-1] User Interface

구분	설명
User Interface	- (UI) 사용자와 시스템(기계 또는 컴퓨터 프로그램) 사이의 의사소통이 가능하게 하는, 즉 사용자가 시스템을 조작하거나, 시스템이 사용자의 요청에 의해 결과를 표시하는 일련의 장치 및 Software
Command Line Interface	- (CLI) 콘솔창과 같은 텍스트 터미널을 통해 사용자가 명령 문자열을 입력하고, 컴퓨터도 문자열로 결과를 출력하는 사용자 인터페이스
Graphic User Interface	- (GUI) 컴퓨터에 그래픽 요소들(버튼, 텍스트박스, 체크박스, 색상 등)을 이용하여 어떠한 기능을 실행하고 표현하는 사용자 인터페이스
Human Machine Interface	- (HMI) 작업 공정에 연관된 데이터를 인간이 인지할 수 있는 형태로 나타내고, 이를 통해 해당 공정을 제어할 수 있도록 돕는 일련의 장치 및 소프트웨어를 통칭했으나, 최근에는 PLC용 GUI를 의미하는 용어로 사용되고 있다.

[표 2-2] Console Application vs Windows Forms Application

구분	Windows Forms Application	Console Application
User Interface	GUI 버튼, 텍스트박스, 체크박스 등	CLI Text
목적	사용자와의 다양한 상호작용을 필요로 하는 기능의 구현	사용자와의 상호작용을 (많이) 필요로 하지 않는 기능의 구현
주요 용도	일반적인 사용자 프로그램	시스템 프로그램, 통신 프로그램 등

2. 기본 제공 프로그램 살펴보기

– Program.cs는 콘솔 프로그램을 통해서 살펴보았고, 또 다른 C# 파일인 Form1.cs 파일에 있는 코딩 부분을 살펴보도록 하자. Windows Forms Application에서의 코드는 이 Form1.cs에 작성하여 관리한다.

1) 코드 작성창으로 이동하기 (F7)

- 디자인뷰 〉〉 Right Button 〉〉 코드 보기

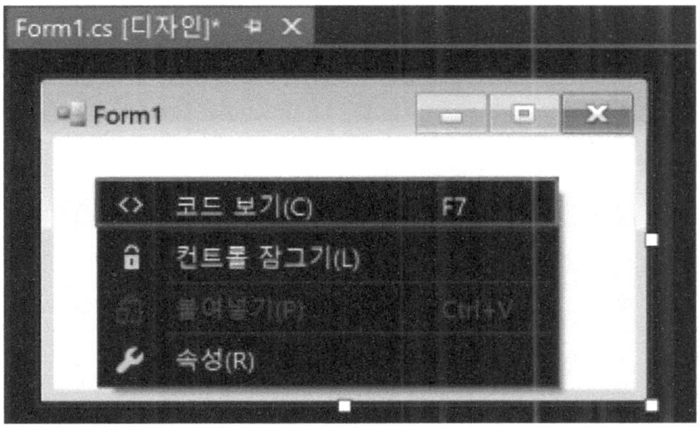

[그림 2-3] 코드 보기

- 솔루션 탐색기 〉〉 Form1.cs 〉〉 Right Button

[그림 2-4] 코드 보기

- Windows Forms Application의 코드 작성을 위한 기본 화면

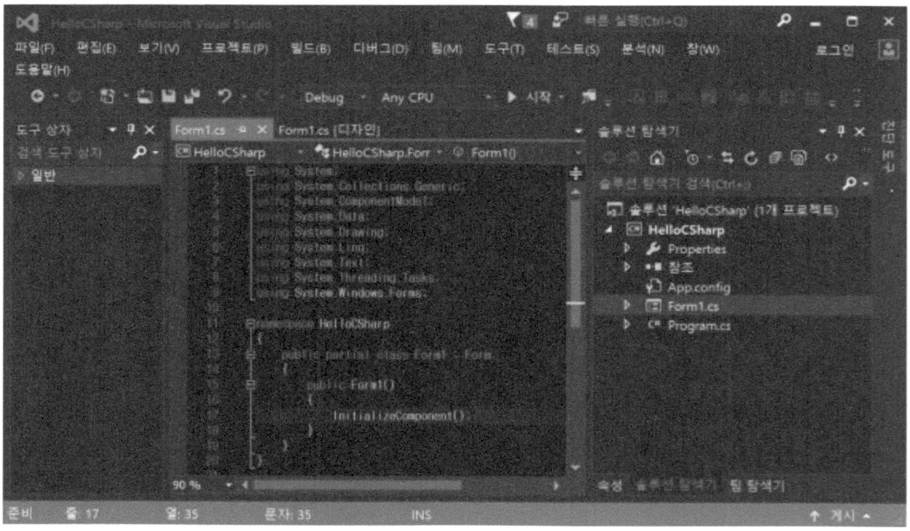

[그림 2-5] Windows Forms Application 기본 화면

2) 기본 제공 프로그램 살펴보기

- Windows Forms Application도 using과 namespace가 있다.
- HelloCSharp 프로젝트 내에 Program.cs와는 다른 형태이나 Class가 있고, 생성자라고 하는 메소드가 있다. 상세한 부분은 과정을 진행해 가면서 설명하도록 한다.

```
using ...

namespace HelloCSharp   // 프로젝트
{
    public partial class Form1 : Form    // 클래스
    {
        public Form1()   // 생성자
        {
            InitializeComponent();
        }
    }
}
```

[그림 2-6] 기본 제공 프로그램

3. Message Box를 이용한 Hello C# 표시

– [시나리오 & Task]

화면에 버튼을 하나 만들어서 그 버튼을 Click하면 Message box를 띄우고 거기에 HelloC#이라는 문자가 표시되도록 합니다.

1) 도구상자

[표 2-3] 도구 상자

구분	설명
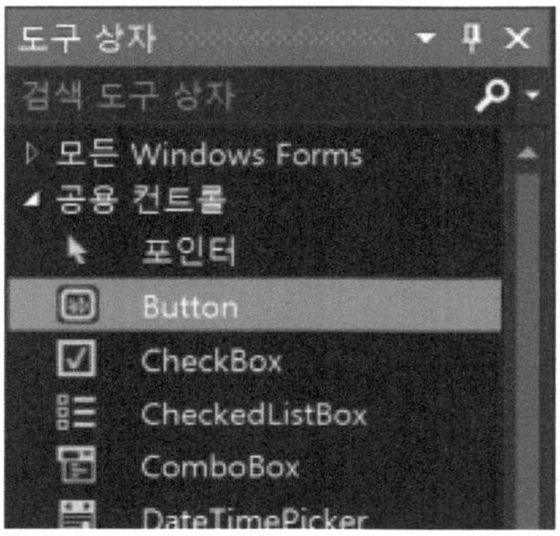	- 메뉴 〉〉 보기 〉〉 도구상자 - Windows Forms Application에서 사용되는 도구 (Control)가 있고, Drag & Drop으로 Form에 배치할 수 있다. - Button 컨트롤을 Drag&Drop으로 배치한다.

2) 화면 디자인

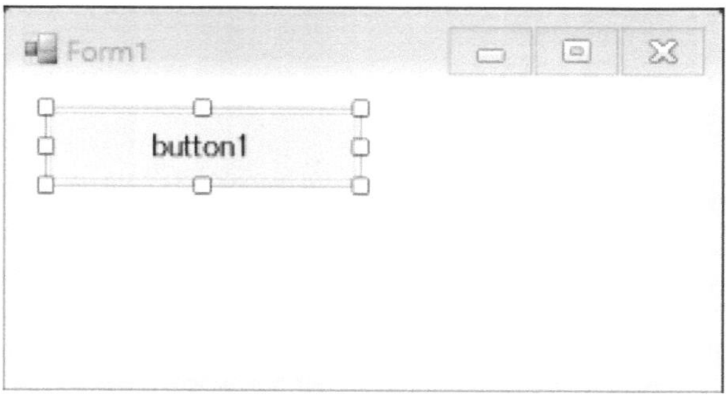

[그림 2-7] Button 생성

3) 속성창

[표 2-4] 속성창

구분	설명
	- 메뉴 〉〉 보기 〉〉 속성창 - Windows Forms Application에서 사용되는 Form이나 Control 등의 속성을 정의한다.
	- 속성을 선택한다.
	- 속성을 항목별 또는 알파벳 순으로 정렬한다.
	- 이벤트를 선택한다. - C#은 Event Driven Programming이라고 한다. 즉 어떠한 Event가 발생하면 그에 상응하는 기능을 수행한다.

- 속성을 Setting 한다.

Control 종류	속성	Setting	비고
Button	Text	Hello C#	

- Event 창에서 Click Event를 DoubleClick 한다.

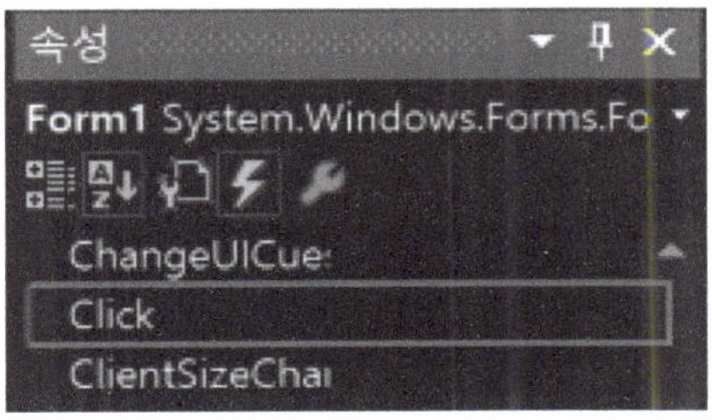

[그림 2-8] Click Event

4) Event Handler

- Event 창에서 Click을 DoubleClick 하면 하나의 코드 블록이 자동으로 생성된다.

```
public partial class Form1 : Form   // 클래스
{
    public Form1()   // 생성자
    {
        InitializeComponent();
    }

    private void button1_Click(object sender, EventArgs e)
    {

    }
}
```

[그림 2-9] Event Handler 코드 블록

- Event에서 자동으로 생성한 코드 블록을 Event Handler라고 하며, 이 코드 블록 내에 프로그램을 작성한다. 이 Event Handler가 속성창의 Event에 Setting 된다.

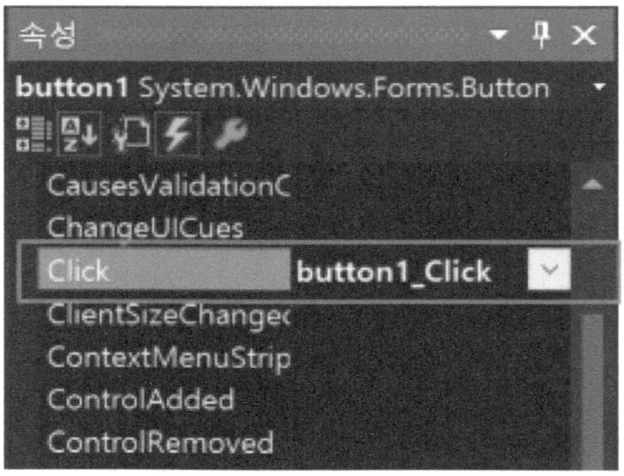

[그림 2-10] Event Handler 속성창

- 디자인창으로 이동하여, 컨트롤을 DoubleClick하면 기본 Event Handler로 이동된다. Button 컨트롤의 경우 기본 Event는 Click이다.
- (주의) Event Handler를 삭제하려면 속성창의 Event를 먼저 제거해야 한다. 속성창의 Event Handler를 제거하지 않고 코드만 삭제하면 에러가 발생한다.

(코드가 없는 Event를 호출하려고 하기 때문)

- Event Handler를 삭제하고 디자인창으로 이동하면 다음과 같은 창이 뜬다.

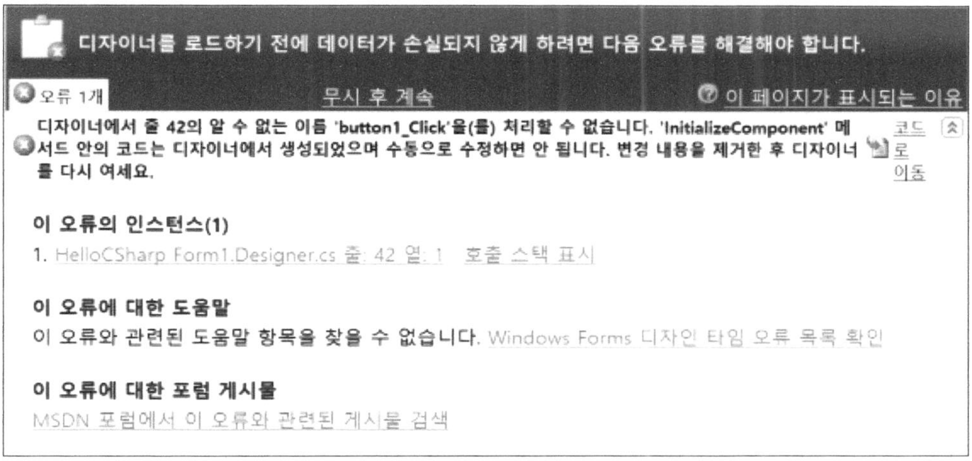

[그림 2-11] 디자이너 오류창

- 무시 후 계속을 선택하면 다음과 같은 경고창이 뜨고 Yes를 선택하면 오류가 발생하고 디자인이 변경된다.

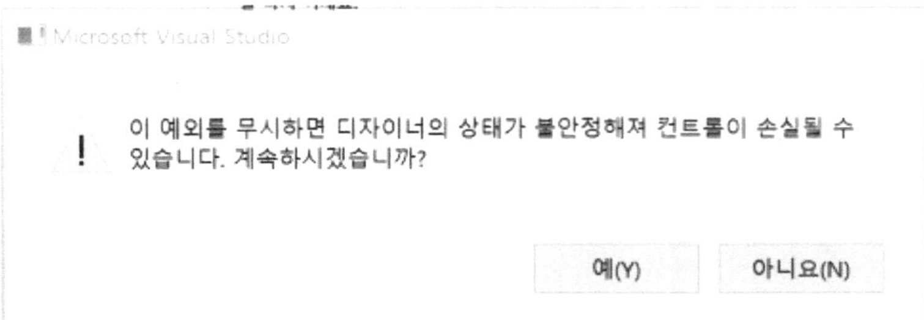

[그림 2-12] 경고 발생창

- 오류 목록을 DoubleClick하여 관련 코드를 삭제하고 복구할 수 있다.

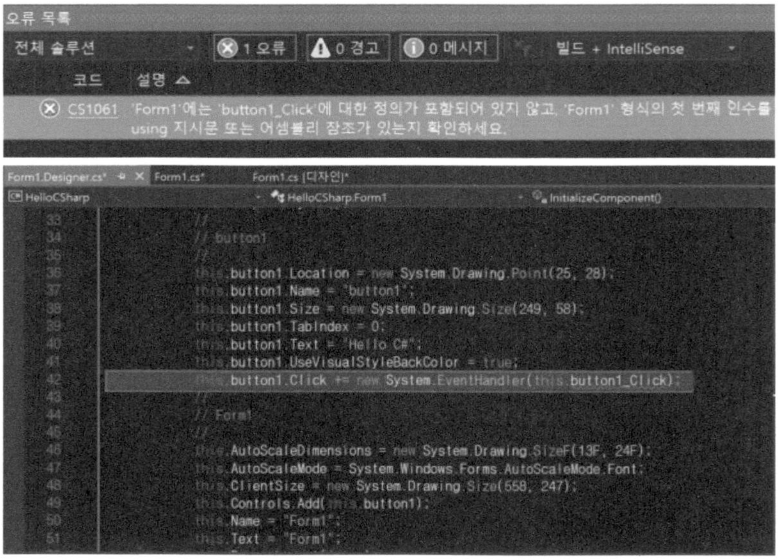

[그림 2-13] 코드 삭제

5) MessageBox.Show()

- MessageBox를 띄워 주는 메소드로서 20가지의 사용법이 있다.

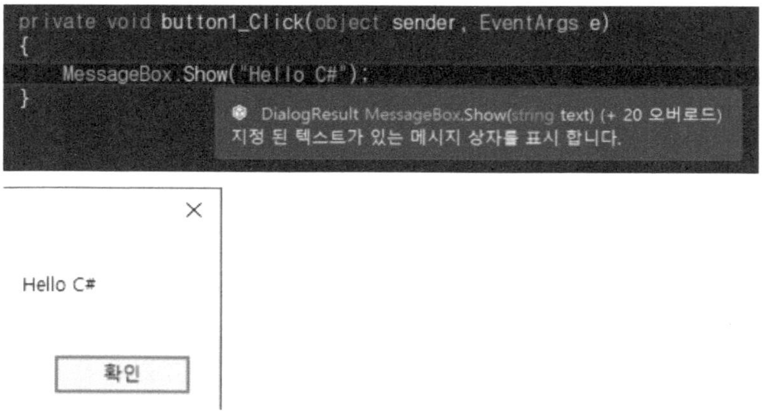

[그림 2-14] MessageBox 실행 화면

- 타이틀을 달아 준다.

```
private void button1_Click(object sender, EventArgs e)
{
    MessageBox.Show("Hello C#", "Title");
}
```

[그림 2-15] 타이틀 추가

- 버튼을 추가한다.

```
private void button1_Click(object sender, EventArgs e)
{
    MessageBox.Show("Hello C#", "Title", MessageBoxButtons.YesNo);
}
```

[그림 2-16] 버튼 추가

- 아이콘을 추가한다.

```
private void button1_Click(object sender, EventArgs e)
{
    MessageBox.Show("Hello C#", "Title", MessageBoxButtons.YesNo, MessageBoxIcon.Question);
}
```

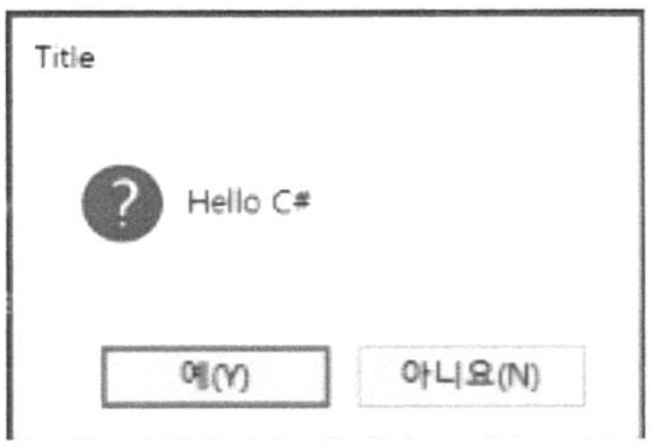

[그림 2-17] 아이콘 추가

- (참고) 버튼 선택 결과 이용하기

```
private void button1_Click(object sender, EventArgs e)
{
    DialogResult dResult
        = MessageBox.Show("Hello C#", "Title", MessageBoxButtons.YesNo, MessageBoxIcon.Question);
    if (dResult == DialogResult.Yes)
    {
        //
    }
}
```

[그림 2-18] 선택 버튼 결과 실행 코드

4. Label를 이용한 Hello C# 표시

– [시나리오 & Task]

Label 컨트롤에 기본 Text로 "여기를 클릭하세요"라고 표시하고 마우스를 클릭하면 "Hello C#"이라는 문자로 바뀌도록 한다.

1) 도구상자에서 컨트롤 배치

구분	설명
	- Label 컨트롤을 Drag & Drop으로 Form에 배치한다.

2) 화면 디자인

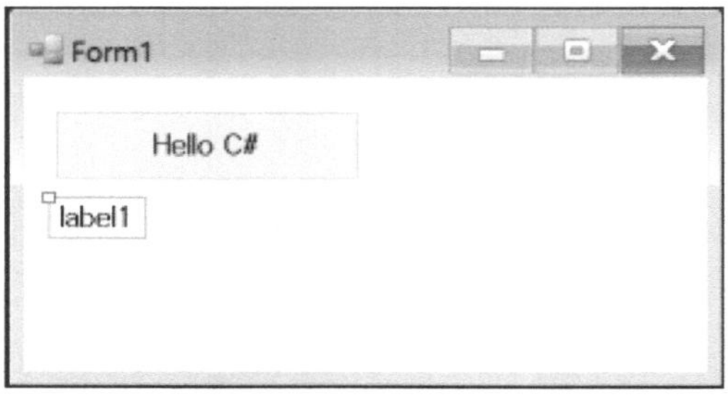

[그림 2-19] Label 생성

3) 속성 Setting

- 속성을 Setting 한다.

Control 종류	속성	Setting	비고
Label	Text	여기를 클릭하세요	
	Cursor	Hand	

- Event 창에서 Click Event를 DoubleClick한다.

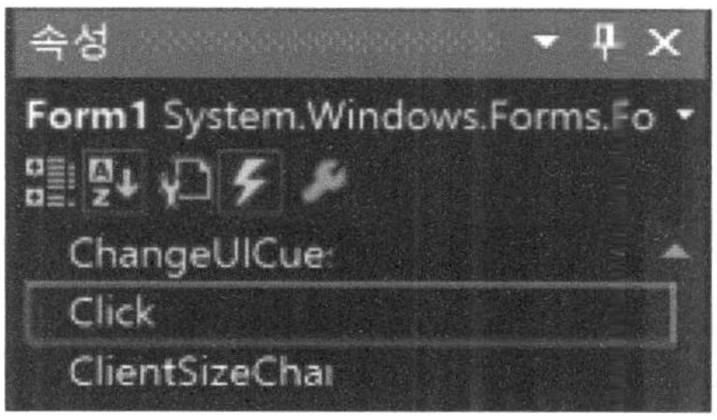

[그림 2-20] 이벤트 생성

- Event Handler에 코드를 작성한다.

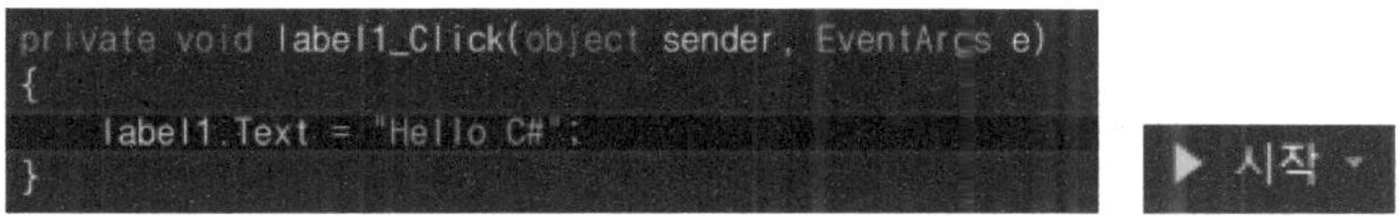

[그림 2-21] 코드 작성

5. 실습 과제

[표 2-5] 실습 내용

구분	설명
TextBox Control 활용	- TextBox 컨트롤과 새로운 Button을 추가하여 Button을 누르면 Text Box에 "Hello C#" 이라고 표시한다.
초기화	- 새로운 Button을 추가하여 Hello C#이라고 표시된 모든 내용을 초기화한다.
MessageBox 활용	- 새로운 Button을 추가하여, TextBox에 입력된 값을 MessageBox에 표시한다

PART Ⅵ

C# 프로젝트 실습

단원 소개

이전 단원에서 우리가 만든 프로젝트의 개념은 얼마든지 실제 기계 장치로 확대할 수도 있다. 실제 설비를 Computer 상에서 Graphic으로 구현하고 Controller, Device 등으로부터 획득된 정보를 Graphic으로 구현된 설비에서 동일하게 또는 유사하게 동작하도록 할 수 있다. 이러한 과정에서 Big Data나 인공지능이 활용되는데 기존의 자동화 Concept에서 발전된 개념이고 이것이 바로 4차 산업혁명의 핵심이다.
이번 단원에서는 C# 프로젝트 실습을 확장하여 실제 특정한 기능을 가지는 프로그램에서 OPC를 통해 Machine을 제어하는 프로그래밍 방법에 대해 살펴보자.

CHAPTER 01

스마트제조& 아두이노-PLC 통신 및 C# 프로그래밍

C# 프로그래밍(연산) 실습 I

학습 목표

1. C# 기초 연산 프로그래밍을 작성할 수 있다.
2. 데이터형, 변수, 형 변환에 대해 설명할 수 있다.
3. 함수를 활용한 프로그래밍을 작성할 수 있다.

1. 프로젝트 만들기

- 계산기 프로그램도 Hello World와 함께 숫자와 문자를 다루는 C#의 기본 문법을 익히기 위하여 통과의례처럼 작성해 보는 프로그램이다.
- 가장 간단한 형태의 계산기인 두 숫자를 더해서 합을 구하는 프로그램을 만들어 보자.
- 새 프로젝트 〉〉 Windows Forms Application 〉〉 이름: Calculator_01

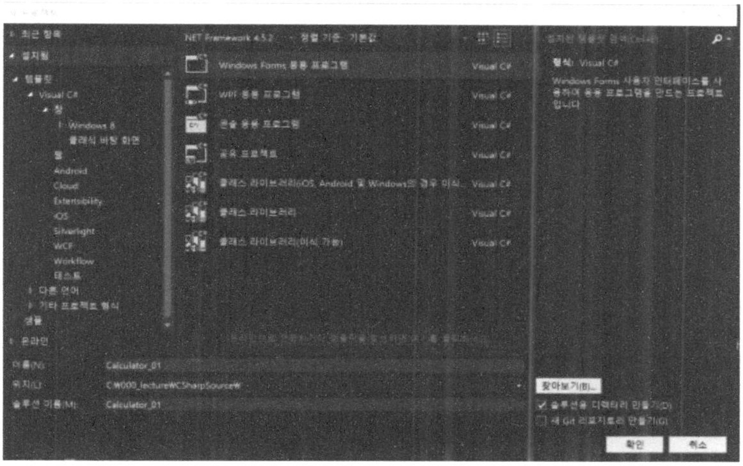

[그림 1-1] Windows Forms 응용 프로그램

2. Form1 속성 Setting

1) Form1.cs 이름 바꾸기

- Program.cs와 달리 Form과 같이 사용자가 만드는 C# 파일은 고유한 이름을 정해 주는 것이 좋다.

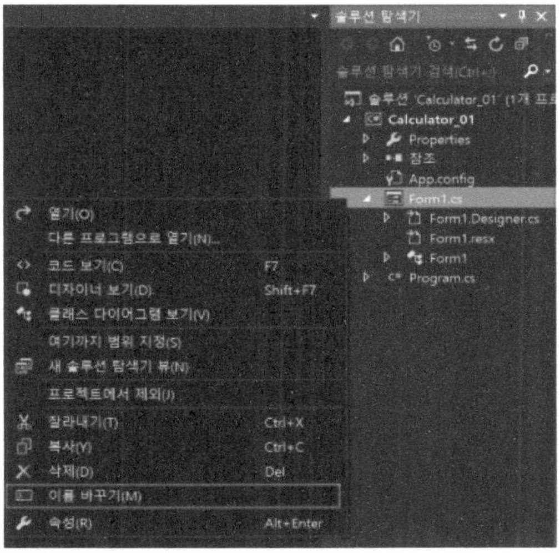

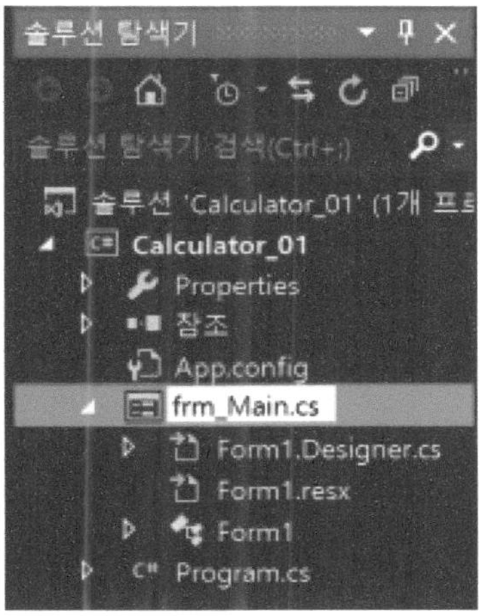

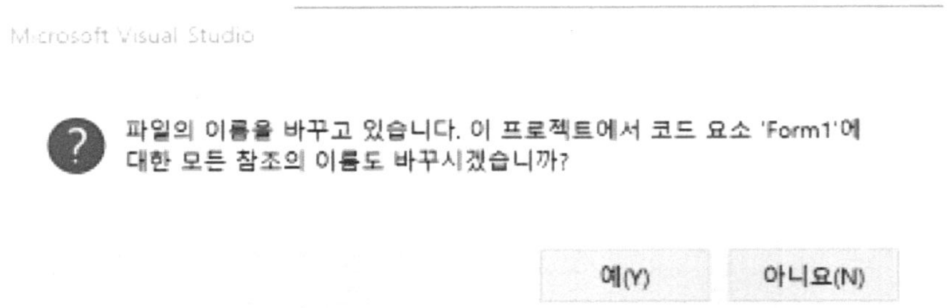

[그림 1-2] 파일 이름 바꾸기 실행 화면

2) frm_Main 속성 Setting

Object	속성	Setting	비고
form	Name	frm_Main	이름 바꾸기로 자동 변경
	Text	더하기 계산기	

3. 화면 디자인

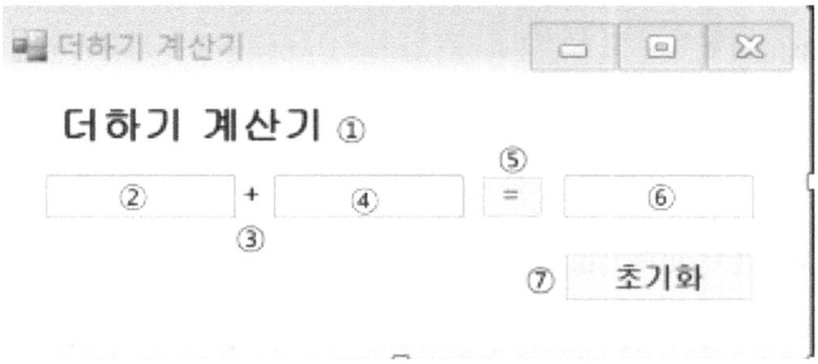

[그림 1-3] 화면 디자인 구성

[표 1-1] 활용 Control

	Control 종류	속성	Setting	비고
1	Label	Text	더하기 계산기	
2	TextBox	Name	tbx_Num1	더할 숫자 1
3	Label	Text	+	
4	TextBox	Name	tbx_Num2	더할 숫자 2
5	Button	Name	btn_Calculate	더하기 연산 버튼
		Text	=	
6	TextBox	Name	tbx_Result	결괏값
		Enabled	False	
7	Button	Name	btn_Clear	초기화 버튼
		Text	초기화	

4. Plus(+) 연산자

– [시나리오 & Task]

tbx_Num1의 값과 tbx_Num2의 값을 + 연산자를 사용하여 계산된 값을 tbx_Result에 표시한다.

– btn_Calculator를 Double Click하여 Click Event에 코드를 작성한다.

```
private void btn_Calculate_Click(object sender, EventArgs e)
{
    tbx_Result.Text = tbx_Num1.Text + tbx_Num2.Text;
}
```

[그림 1-4] 코드 작성 및 실행 확인

– + 연산자는 두 숫자를 더하는 데 사용되지만 대상이 문자인 경우에는 두 문자를 결합하는 기능을 한다. 컨트롤의 Text 속성은 값을 문자열의 형태로 가지고 있다.

– 따라서 Text 속성에 입력된 값을 숫자로 변환하는 과정이 필요하다.

5. 데이터형, 변수, 형 변환

1) 수치형 Data Type

- C#에서 많이 사용하는 수치형 Data Type 중 많이 사용하는 것들은 다음과 같다.

[표 1-2] 주요 자료형 크기 및 범위

	이름	크기(bit)	값의 범위	비고
정수형	Byte	8	-128 ~ 127	
	Short	16	-32,768 ~ 32,767	ushort
	Int	32	-21.5억 ~ 21.5억	uint
	Long	64	-922경 ~ 922경	ulong
실수형	float	32	소수점 이하 7자리	
	double	64	소수점 이하 15자리	
decimal	decimal	128	소수점 이하 28자리	

- 수치형 data type의 종류는 표현할 수 있는 숫자의 범위에 따라 구분되며, 필요할 때마다 찾아보면 된다. 우리는 교육 목적상 정수형 data type인 int를 사용하여 코드를 작성해 보도록 한다.
- 문자를 숫자로 변환하기 위해서 Convert라는 함수를 사용한다. 기존의 코드에 Convert라는 함수를 이용하여 문자를 숫자로 바꾼 뒤 직접 변환할 수도 있으나, 코드의 가독성을 높이기 위하여 변수를 사용하도록 한다.

2) 변수의 선언

- 변수란 컴퓨터 프로그래밍에서 변수란 아직 알려지지 않았거나, 어느 정도까지만 알려져 있는 양에 대한 정보에 대한 상징적 이름
- 변수를 선언할 때는 변수의 Data Type을 먼저 적고(선언하고), 사용할 변수의 이름을 적어 준다. 변수의 이름은 가독성이 높아야 하며, 가능하면 초깃값을 지정해 주는 것이 좋다.

```
int number1;
```

```
int number1 = 0;
```

[그림 1-5] 변수 선언

3) Convert

- 변수를 이용하여 각 Text Box에 있는 값을 정수로 변환하고 두 숫자의 더하기 연산을 수행하여 결과값을 표시합니다.

```
private void btn_Calculate_Click(object sender, EventArgs e)
{
    // tbx_Result.Text = tbx_Num1.Text + tbx_Num2.Text;
    int number1 = 0;
    int number2 = 0;
    int result = 0;
    number1 = Convert.ToInt32(tbx_Num1.Text);
    number2 = Convert.ToInt32(tbx_Num2.Text);
    result = number1 + number2;
    tbx_Result.Text = Convert.ToString(result);
}
```

[그림 1-6] Convert 사용

- 새로운 숫자를 입력하기 위하여 Clear해 주는 code도 작성해 준다.

```
private void btn_Clear_Click(object sender, EventArgs e)
{
    tbx_Num1.Text = "";
    tbx_Num2.Text = "";
    tbx_Result.Text = "";
}
```

[그림 1-7] 코드 작성

- Convert와 호환 가능한 함수

[표 1-3] 호환 가능한 함수

구분	설명
Convert.ToInt32(tbx_Num1.Text)	Int.Parse(tbx_Num1.Text)
Convert.ToString(result)	Result.ToString()

6. 함수(메소드)

- [시나리오 & Task]

기존의 코드를 함수를 이용하여 수정한다.

- 함수란 자주 사용되는 code를 필요할 때마다 재사용할 수 있도록 만든 코드 블록으로서, Program.cs의 Main 함수와 같이 시스템이 호출하든, 필요한 시점에 프로그래머가 호출하든, 그 내부의 코드를 실행시켜 프로그램적인 기능을 하게 된다. C#에서는 함수를 메소드라고 부른다.

1) 함수 프로토콜

- 함수는 어떤 Input을 주어 Output을 받게 되는데, 이때 Input 되는 값을 매개변수 또는 Parameter라고 합니다. 우리가 만들 함수는 정수 두 개를 입력해서, 정수를 반환하는 기능을 하는 함수이다. 이걸 프로그램적으로 작성하면 다음과 같이 Add라는 함수의 Prototype을 만들 수 있다.

```
private int Add(int num1, int num2)
{

}
```

[그림 1-8] 함수 생성

- Private을 접근 제한자라고 한다. (Class part에서 설명)

[표 1-4] 접근 제한자

접근 제한자	적용
private	Class 내에서만 접근 가능
public	모든 곳에서 접근 가능
Internal	동일 namespace에서만 접근 가능

- Add는 함수의 이름이고 괄호 안에 두 개의 int형 매개변수를 받아서 코드 블록 내에서 어떤 작업을 해서 함수 이름 앞에 있는 int형의 어떤 값을 반환한다는 뜻이다. 이제 이 function을 완성해 보자.

```
private int Add(int num1, int num2)
{
    int sum = num1 + num2;
    return sum;
}
```

[그림 1-9] 함수 완성

- 함수 내에 새로운 변수 sum을 선언하고 매개변수로 입력된 두 값을 더해 sum에 대입하고, return이라는 keyword를 통해 반환해 준다. 함수의 prototype에서 int형 data를 반환 받도록 선언되어 있기 때문에 반드시 int 값을 return해 주어야 하는데 int를 return하지 않으면 Compile Error가 발생한다. Compile이란 프로그래머가 작성한 코드를 시스템이 실행시킬 수 있는 코드로 바꿔 주는 작업을 말하며, 문법적 오류 등이 있을 경우 이 Compile 과정에서 실행 코드를 만들 수 없는 것을 Compile Error라고 한다.

- 기존에 작성된 코드를 함수를 이용하여 변경한다.

```
private void btn_Calculate_Click(object sender, EventArgs e)
{
    // tbx_Result.Text = tbx_Num1.Text + tbx_Num2.Text;
    int number1 = 0;
    int number2 = 0;
    int result = 0;
    number1 = Convert.ToInt32(tbx_Num1.Text);
    number2 = Convert.ToInt32(tbx_Num2.Text);
    // result = number1 + number2;
    result = Add(number1, number2);
    tbx_Result.Text = Convert.ToString(result);
}
```

▶ 시작 ▾

[그림 1-10] 기존 코드 변경 및 함수 호출

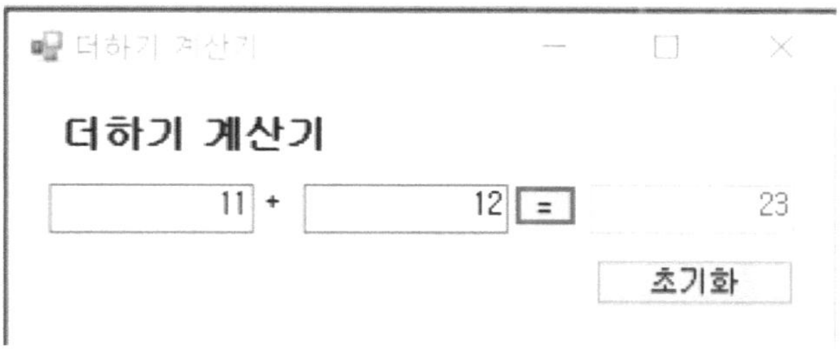

[그림 1-11] 프로그램 실행 확인

2) void

- 매개변수가 없거나 반환되는 값이 없는 함수도 만들 수 있는데, 반환하는 값이 없는 함수는 void라는 keyword를 사용한다.
- 실습 과제 (다음의 함수를 만들고 하나씩 적용해 보자.)

[표 1-5] 함수의 구조

Protocol	Remark
`private int Add2(string strNum1, string strNum2)`	매개변수를 string으로 변경
`private string Add3(string strNum1, string strNum2)`	String을 반환
`private void Add4(string strNum1, string strNum2)`	String을 매개변수로 받아 함수 내에서 tbx_Result.Text를 직접 Setting
`private void Add5 ()`	매개변수 없이 함수 내에서 tbx_Result.Text를직접 Setting

※ 매개변수의 이름 Camel Case를 사용하며 Number와 같이 명확히 숫자임을 알 수 있는 경우가 아니라면 가독성을 위해 data type의 일부를 포함하여 작명하는 경우가 많다.

3) Overloading

- 함수를 호출할 때는 이름만으로 하는 게 아니고, 이름과 매개변수를 통해서 호출하게 된다. 따라서 매개변수의 data type이나 매개변수의 개수가 다르다면

같은 이름으로 중복된 함수를 만들 수도 있다. 이것을 함수의 Overloading이 라고 한다. 단 매개변수와 이름이 같고 return형만 다른 함수는 만들 수 없다.

- Overloading이 가능한 함수들(Add3, Add5)의 이름을 Add로 바꾸고 그 위에 마우스를 위치시키면 확인해 볼 수 있다.

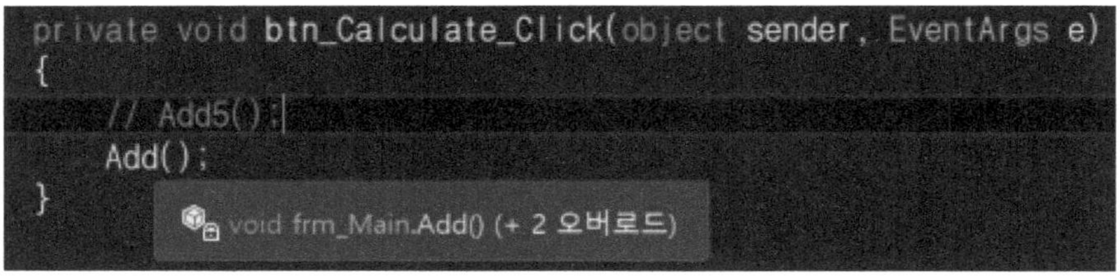

[그림 1-12] 오버로딩

7. Validation

- 우리가 어떤 프로그램을 만들면 사용자들은 절대 프로그래머가 원하는 데로만 사용하지는 않는다. 필자가 사용하기 위해 만든 프로그램을 다른 사람에게 인수인계를 한 뒤에 다른 목적으로 사용되는 것도 보았다.
- 프로그래머들이 착각하는 것 중의 하나는 사용자가 고쳐달라고 요구하지 않으면 아무 문제 없이 잘 사용하고 있다고 생각한다. 그러나 많은 경우 사용자들은 프로그래머가 의도하지 않았던 방향으로 사용해서 bug를 만들어 내기도 하고, 프로그래머가 의도하지 않는 형태로 bug를 피해서 사용하기도 한다.
- 사실 프로그래머는 사용자들이 프로그래머가 의도하지 않은 방향으로 사용하는 것을 차단하거나 그렇게 사용하더라도 처리가 되도록 해야 한다.
- 프로그램에서 사용자에 의한 입력이든, 타 시스템으로부터 받아온 것이든 그 입력된 값을 받아들이기 전에 우리 프로그램에 적합한가를 평가해야 하는데, 그러한 과정을 Validation이라 한다.
- 특히, 타 시스템과의 데이터 교류를 통해 진행되는 프로젝트에 있어서는 Validation이 더욱 중요한데, 약속된 형태로 데이터가 전달되지 않는 경우가 많이 있기 때문이다. 경우에 따라서는 속도 문제로 인해 모든 입력 데이터에 대해서 Validation을 할 수 없는 경우도 있고, Validation이 실제 핵심 코드보다 손이 더 많이 가는 경우도 많다.

- 핵심 코드는 1주일 만에 짜고 Validation과 버그 Fixing에만 수개월씩 걸리는 프로젝트도 흔히 있다.

1) 조건문

- 프로그램은 통상 순차적으로 수행되는데, 특정 조건에 따라서 실행해야 하는 코드가 달라야 한다면 조건문을 쓰게 된다. 즉 특정 조건을 검사해서 참일 때와 거짓일 때 각각 다른 코드 블록을 실행하도록 하는 것을 조건문이라고 한다.
- 조건문이라는 개념은 어떤 프로그램에든 존재하며 대부분의 언어에서 if라는 keyword를 사용하기 때문에 if문이라고도 한다. C#에도 if라는 keyword를 사용하며, 다음과 같은 문법 체계를 가지고 있다.

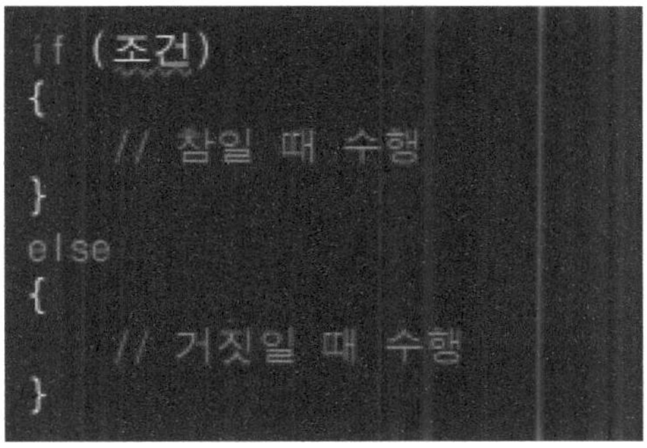

[그림 1-13] 조건문

- else 부분은 생략될 수 있고, 수행 code가 한 줄이라면 중괄호를 생략할 수도 있다. else가 없고 코드가 1줄이라면 조건 뒤에 연속으로 작성해도 된다. 만약 조건이 연속된다면 else if를 사용한다.
- 조건문의 조건은 반드시 참과 거짓을 표현하는 bool형의 data를 나타낼 수 있어야만 하는데 그 방법은 다음과 같다.

[표 1-6] 조건문 표현 방법

구분	Example
직접 true나 false를 입력	`if (true) { }`
bool형 변수	`bool isValid = true;` `if (isValid) { }`

Bool형 데이터를 반환하는 함수	`private bool GetBool()`
	`{`
	`    return true;`
	`}`
	
	`private void ABC()`
	`{`
	`    if (GetBool()) { }`
	`}`

비교 연산자를 통한 조건식	`private void ABC()`
	`{`
	`    if (1 == 2) { }`
	`}`

- 비교 연산자를 통한 조건식에 의해 bool형 데이터 반환 일반적으로 사용하는 더하기(+) 빼기(-) 곱하기(*) 나누기(/) 등을 산술 연산자라고 하며, 비교 연산자는 참과 거짓을 물어보기 위해 사용하는 연산자인데 식의 결괏값은 bool형 data를 반환한다.

[표 1-7] 비교 연산자

비교 연산자	의미	Example	결과값
==	같다	1 == 2	False
!=	다르다	1 != 2	True
〉	크다	1〉2	False
〈	작다	1〈2	True
〉=	크거나 같다	1 〉= 2	False
〈=	작거나 같다	1〈=2	True

2) 빈 문자열 Validation

- tbx_Num1, tbx_Num2에 아무런 값도 넣지 않고 '=' 눌러서 발생한 Error를 해소한다.

- 조건문을 이용하여 TextBox에 아무런 값도 없으면, MessageBox를 띄우고 더 이상 Code를 실행하지 않도록 코드를 작성한다.

```
private void btn_Calculate_Click(object sender, EventArgs e)
{
    if (tbx_Num1.Text == "")
    {
        MessageBox.Show("첫번째 수자를 입력하세요", "Validation",
            MessageBoxButtons.OK, MessageBoxIcon.Exclamation);
        return;
    }
```

```
    if (tbx_Num2.Text == "")
    {
        MessageBox.Show("두번째 수자를 입력하세요", "Validation",
            MessageBoxButtons.OK, MessageBoxIcon.Exclamation);
        return;
    }

    tbx_Result.Text = Add(tbx_Num1.Text, tbx_Num2.Text);
}
▶ 시작 ▾
```

[그림 1-14] 코드 작성

[표 1-8] return keyword

keyword	설명
return	- 함수를 빠져나오고 싶을 때 사용
	- btn_Calculate_Click이라는 함수가 void, 즉 아무 데이터도 return 하지 않는 형태이기 때문에 return이라고만 쓰면 되고, 만약 어떤 값을 return 하는 함수라면 그에 해당하는 data type의 값을 return 해주면 된다. (ex: return 0)

3) 공백 문자열 Validation

- 계산의 대상이 되는 Text Box에 Space 바를 통해 빈 문자열을 입력한 후 '='을 눌러서 발생한 Error를 해소한다.
- 기존의 Validation 방법만으로는 TextBox에 입력된 Space를 Validation 할 수 없다. 공백 문자는 빈 문자열과 다르기 때문에 조건문이 false가 되어 결국 Runtime Error를 발생시키게 된다. 이걸 다 cover해 주는 function이 string이라는 객체 안에 있는 string.IsNullOrWhiteSpace라는 함수이다. 매개변수로 string을 받아서 검사를 해서, 이게 Null이거나 White space인지 검사한다. 그래서 이에 해당한다면 true를, 그렇지 않다면 false를 return 한다.

```
private void btn_Calculate_Click(object sender, EventArgs e)
{
    //if (tbx_Num1.Text == "")
    if(string.IsNullOrWhiteSpace(tbx_Num1.Text))
    {
        MessageBox.Show("첫번째 수자를 입력하세요", "Validation",
            MessageBoxButtons.OK, MessageBoxIcon.Exclamation);
        return;
    }

    // if (tbx_Num2.Text == "")
    if(string.IsNullOrWhiteSpace(tbx_Num2.Text) == true)
    {
        MessageBox.Show("두번째 수자를 입력하세요", "Validation",
            MessageBoxButtons.OK, MessageBoxIcon.Exclamation);
        return;
    }

    Add();
}
```

[그림 1-15] 코드 작성

- C#에는 무수히 많은 라이브러리가 만들어져서 제공되고 있으므로 이와 유사한 상황에서는 적절한 함수를 찾아서 쓰면 된다. (Know-Where가 중요)

4) 문자열 Validation

- [Task] 계산의 대상이 되는 Text Box에 문자열을 입력한 후 '='을 눌러서 발생한 Error를 해소한다.
- string.IsNullOrWhiteSpace() 통해 빈 또는 공백 문자를 받아들이는 처리는 했지만, 여기에 숫자가 아니라 문자를 넣으면 문자를 숫자로 바꾸는 부분에서 빈 문자를 숫자로 못 바꾸듯이 문자도 숫자로 바꾸지 못해서 error가 발생한다.
- C#에는 문자열을 숫자로 바꿀 수 있는지를 체크하는 TryParse라는 함수가 있다.

```
int number1 = 0;
bool isValid = int.TryParse(tbx_Num1.Text, out number1);
```

[그림 1-16] 코드 작성

[표 1-9] Return 및 매개변수

구분	설명
Return 데이터형 (bool)	- 이 함수는 입력된 첫 번째 매개변수가 숫자로 변환이 가능하면 true를, 숫자로 변환이 가능하지 않으면 false를 반환한다.
매개변수1: tbx_Num1.Text	- 변환의 대상이 되는 문자열
매개변수2: out number1	- 숫자로 바꿀 수 있는 문자열이면 TryParse 함수는 이 매개변수에 변환된 숫자를 반환한다.

- TryParse() 함수를 이용하여 Validation을 추가한다. TryParse만으로도 Validation이 가능하지만 Case를 명확하게 하기 위해 추가한다.

```
int number1 = 0;
bool isValid = int.TryParse(tbx_Num1.Text, out number1);
if (isValid == false)
{
    MessageBox.Show("첫번째 값에 문자가 입력되었습니다", "Validation",
        MessageBoxButtons.OK, MessageBoxIcon.Exclamation);
    return;
}
```

[그림 1-17] 코드 작성

- 조건문에는 bool형 데이터를 반환하는 함수를 직접 사용할 수 있으므로 조건문에 함수를 직접 넣어서 사용할 수 있다.

```
int number1 = 0;
// bool isValid = int.TryParse(tbx_Num1.Text, out number1);
// if (isValid == false)
if (int.TryParse(tbx_Num1.Text, out number1) == false)
{
    MessageBox.Show("첫번째 값에 문자가 입력되었습니다", "Validation",
        MessageBoxButtons.OK, MessageBoxIcon.Exclamation);
    return;
}
```

[그림 1-18] 코드 작성

- Not 연산자를 이용하여 코드를 간소화할 수 있다.

```
int number1 = 0;
// if (int.TryParse(tbx_Num1.Text, out number1) == false)
if (!int.TryParse(tbx_Num1.Text, out number1))
    {
        MessageBox.Show("첫번째 값에 문자가 입력되었습니다", "Validation",
        MessageBoxButtons.OK, MessageBoxIcon.Exclamation);
    return;
}
```

[그림 1-19] 코드 작성

※ Not 연산자는 가독성이 떨어지기 때문에 사용에 주의가 필요함.

- 두 번째 문자열에 대한 Validation도 추가한다.

```
int number1 = 0;
if (!int.TryParse(tbx_Num1.Text, out number1))
    {
        MessageBox.Show("첫번째 값에 문자가 입력되었습니다", "Validation",
        MessageBoxButtons.OK, MessageBoxIcon.Exclamation);
    return;
}

if (!int.TryParse(tbx_Num2.Text, out number1))
{
    MessageBox.Show("두번째 값에 문자가 입력되었습니다", "Validation",
    MessageBoxButtons.OK, MessageBoxIcon.Exclamation);
    return;
}
```

[그림 1-20] 코드 작성

※ tbx_Num2.Text의 validation을 위한 out 매개변수를 위해 새로운 변수를 선언할 필요는 없다.

- 함수를 사용할 때는 목적을 명확하게 사용하는 것이 좋다. 따라서 두 개의 숫자를 넣어서 합한 값을 반환받는 함수를 이용하여 코드를 다시 작성한다. 이를 위해서는 변수 2개가 필요하다.

```
int number1 = 0;
if (!int.TryParse(tbx_Num1.Text, out number1))
    {
        MessageBox.Show("첫번째 값에 문자가 입력되었습니다", "Validation",
        MessageBoxButtons.OK, MessageBoxIcon.Exclamation);
    return;
}
int number2 = 0;
if (!int.TryParse(tbx_Num2.Text, out number2))
{
    MessageBox.Show("두번째 값에 문자가 입력되었습니다", "Validation",
    MessageBoxButtons.OK, MessageBoxIcon.Exclamation);
    return;
}
// Add();
tbx_Result.Text = Add(number1, number2).ToString();
```

[그림 1-21] 코드 작성

CHAPTER 02

스마트제조& 아두이노-PLC 통신 및 C# 프로그래밍

C# 프로그래밍(연산) 실습 II

학습 목표

1. C# 기초 연산 프로그래밍을 응용해서 작성할 수 있다.
2. 연산 코드를 통합하여 구조화된 프로그래밍을 설계할 수 있다.

1. 프로젝트 만들기

- 대부분의 프로그램 언어를 배울 때 Hello World 프로그램만큼 당연시하며 작성해 보는 프로그램이 계산기이다. 계산기 프로그램은 숫자를 다루는 프로그램에서 발생될 수 있는 다양한 상황을 경험해 볼 수 있기 때문이다.
- 더하기 계산기를 응용하여 진짜 계산기 형태의 프로그램을 만들어 보자. 우리의 목적은 진짜 계산기를 만드는 것은 아니고 계산기 프로그램을 통해 C#의 다양한 문법들을 학습하는 것이기 때문에 가장 간단한 형태의 계산기를 만들어 보도록 한다.
- 새 프로젝트 〉〉 Windows Forms Application 〉〉 이름: Calculator_02

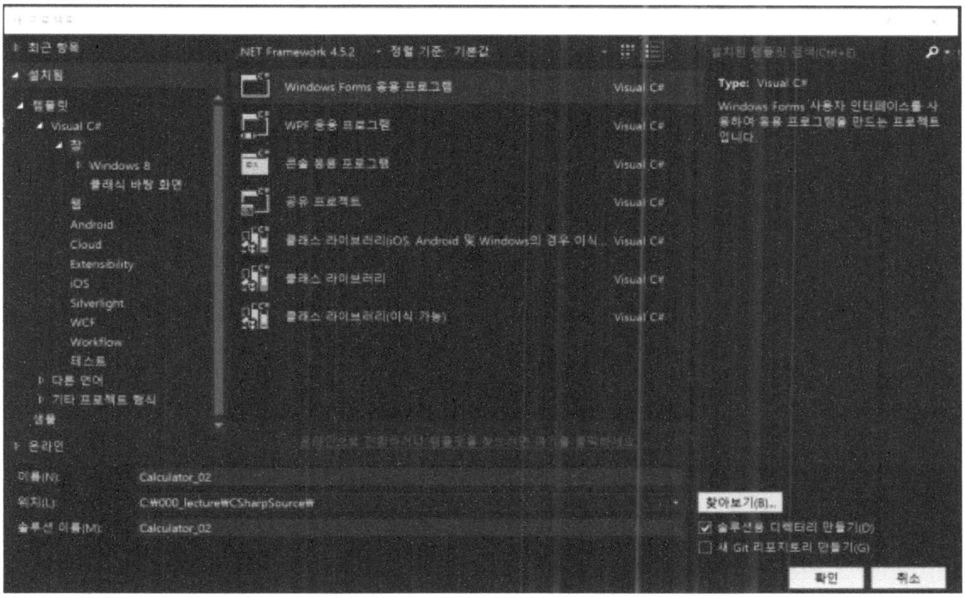

[그림 2-1] Windows Forms 응용 프로그램

1) Form1.cs 이름 바꾸기 및 속성 Setting

[표 2-1] 속성창

Object	속성	Setting	비고
Form	Name	frm_Main	이름 바꾸기로 자동 변경
Text	계산기		

2. 화면 디자인

– 이전의 더하기 계산기에서는 TextBox를 이용하여 입력을 받았기 때문에 입력된 값이 비어 있거나 문자가 입력되었는지를 Validation 해야 했다.

– C#을 배우기 위해 실습 프로그램으로서 계산기를 작성하는 대부분의 경우 Validation으로 인해 프로그램이 지나치게 복잡해지는 것을 방지하기 위해 숫자의 입력을 button을 이용해서 받도록 한다. Button을 Click했을 때 프로그램적으로 특정한 숫자를 넘겨주면 사용자 실수로 인해 잘못된 값이 입력되는 것을 방지할 수도 있고, 이 과정에서 다른 형태의 프로그램 스킬을 익힐 수 있기 때문이다. 프로그램의 복잡성을 줄이기 위해 int형 숫자만으로 프로그램을 작성하도록 한다.

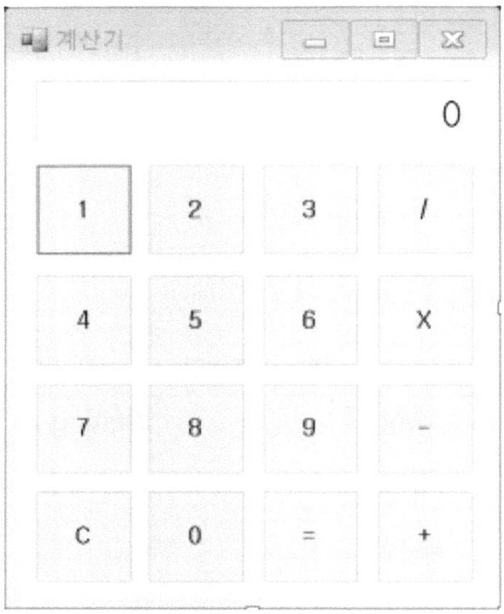

[그림 2-2] 화면 디자인 구성

[표 2-2] 속성창

Control 종류	속성	Setting	비고
Label	Name	lbl_Display	숫자 표시창
	BorderStyle	Fixed3D	
	Text	0	
	TextAlign	MiddleRight	
Button	Name	btn_1 ~ btn_0	
	Text	1~0	
Button	Name	btn_Add	
	Text	+	
Button	Name	btn_Sub	
	Text	-	
Button	Name	btn_Multi	
	Text	x	
Button	Name	btn_Div	
	Text	/	
Button	Name	btn_Calculate	
	Text	=	
Button	Name	btn_Clear	
	Text	C	

3. 숫자 표시

- [Task] 1번 숫자 버튼과 2번 숫자 버튼을 연속으로 눌러서 원하는 숫자가 숫자 표시창에 표시되도록 한다.
- button을 누를 때 해당 숫자를 표시창에 표시한다.

```
private void btn_1_Click(object sender, EventArgs e)
{
    lbl_Display.Text = "1";
}
```

[그림 2-3] 코드 작성

- 기존의 숫자 뒤에 계속해서 붙여서 숫자를 완성하기 위한 코딩을 추가한다.

```
private void btn_1_Click(object sender, EventArgs e)
{
    lbl_Display.Text = lbl_Display.Text + "1";
}
```

[그림 2-4] 코드 작성

- 최초 입력 시 앞에 0이 있을 경우의 처리하기 위한 조건문을 추가한다.

```
private void btn_1_Click(object sender, EventArgs e)
{
    if (lbl_Display.Text == "0")
    {
        lbl_Display.Text = "1";
    }
    else
    {
        lbl_Display.Text = lbl_Display.Text + "1";
    }
}
```

[그림 2-5] 코드 작성

- 2번 버튼에도 코딩을 추가한다.

```
private void btn_2_Click(object sender, EventArgs e)
{
    if (lbl_Display.Text == "0")
    {
        lbl_Display.Text = "1";
    }
    else
    {
        lbl_Display.Text = lbl_Display.Text + "1";
    }
}
```

[그림 2-6] 코드 작성

4. 더하기 함수

- 유사한 유형의 코딩을 간소화하기 위해서 function을 하나 만들어 준다.
- 최초 입력 시 앞에 0이 있을 경우의 처리하기 위한 조건문을 포함해서, 연속적으로 입력되는 숫자를 붙여 주는 함수를 만들어 준다.

```
private void SetNumber(string strNumber)
{
    if (lbl_Display.Text == "0")
    {
        lbl_Display.Text = strNumber;
    }
    else
    {
        lbl_Display.Text = lbl_Display.Text + strNumber;
    }
}
```

[그림 2-7] 코드 작성

※ 매개변수는 통상 Camel Case로 작명하며, DataType을 알 수 있도록 한다.

– 기존 코딩을 함수를 이용해서 바꿔 준다.

```
private void btn_1_Click(object sender, EventArgs e)
{
    //if (lbl_Display.Text == "0")
    //{
    //    lbl_Display.Text = "1";
    //}
    //else
    //{
    //    lbl_Display.Text = lbl_Display.Text + "1";
    //}
    SetNumber("1");
}

private void btn_2_Click(object sender, EventArgs e)
{
    SetNumber("2");
}
```

[그림 2-8] 코드 작성

– 다른 번호의 버튼에도 코드를 작성해 준다.

5. 더하기 Logic

- [Task] 더하기 Logic을 설계한다.
- 기본 Logic

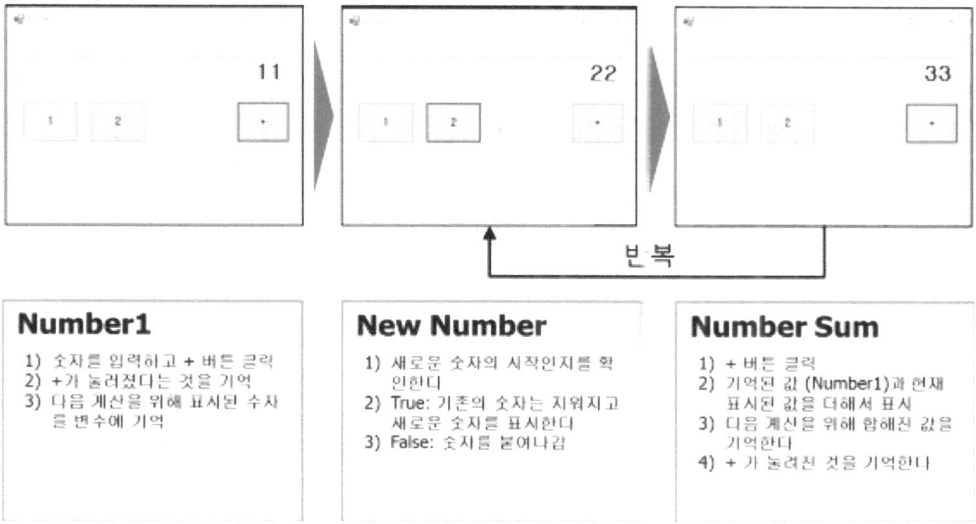

[그림 2-9] Logic 설계

- 새로운 숫자인지를 확인하여 처리하기 위한 변수에 다 해 살펴본다.

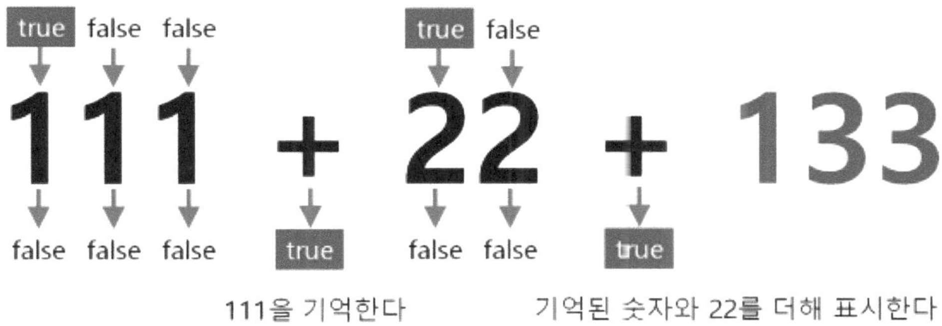

[그림 2-10] 처리 변수 확인

6. 더하기 기능의 구현

- [Task] 특정한 숫자를 입력한 후 + 연산자 버튼을 누른 후 새로운 숫자를 입력하고 + 연산자 버튼을 누르면 더해진 값이 숫자 표시판에 표시되도록 한다.
- 우리가 설계한 Logic에서, 기존에 입력된 값을 기억하거나, 새로운 문자인지를 확인하기 위한 변수는 숫자 버튼의 Event Handler Code와 연산자 버튼의 Event Handler code에서 동시에 사용되기 때문에 Event Handler Code 밖에서 선언되어야 한다. 특정 블록 안에서 선언된 변수는 그 블록을 빠져나오면서 사라지기 때문이다.
- 초깃값을 포함하여 변수를 선언한다.

```
public partial class frm_Main : Form
{
    int numberRemember = 0;        // 기억할 숫자
    bool isNewNumber = true;       // 새로운 숫자인지 여부

    public frm_Main()
```

[그림 2-11] 코드 작성

※ bool type의 변수는 통상 is로 시작하는 이름으로 작명한다.

- + 버튼의 Click event에 코드를 추가한다.

```
private void btn_Add_Click(object sender, EventArgs e)
{
    int number = int.Parse(lbl_Display.Text);
    numberRemember = numberRemember + number;
    lbl_Display.Text = numberRemember.ToString();
    isNewNumber = true;
}
```

[그림 2-12] 코드 작성

- 숫자 Click에서 호출하는 SetNumber 함수에 IsNewNumber 관련 code를 추가한다.

```
private void SetNumber(string strNumber)
{
    if (isNewNumber) // 최초로 입력되는 숫자라면
    {
        lbl_Display.Text = strNumber;
        isNewNumber = false;
        return;
    }

    if (lbl_Display.Text == "0")
    {
        lbl_Display.Text = strNumber;
    }
    else
    {
        lbl_Display.Text = lbl_Display.Text + strNumber;
    }
}
```

[그림 2-13] 코드 작성

- + 버튼을 누른 뒤 0을 누르면, Display창이 0으로 변하는데, 그냥 두는 것이 좋다면 다음과 같은 코드를 추가한다.

```
private void SetNumber(string strNumber)
{
    if (isNewNumber) // 최초로 입력되는 숫자라면
    {
        if (strNumber == "0") return;
        lbl_Display.Text = strNumber;
        isNewNumber = false;
        return;
    }

    if (lbl_Display.Text == "0")
    {
        lbl_Display.Text = strNumber;
    }
    else
    {
        lbl_Display.Text = lbl_Display.Text + strNumber;
    }
}
```

[그림 2-14] 코드 작성

– +를 계속해서 누르면 숫자가 계속 증가되는 Bug가 있다. 이 bug를 수정한다.

```
private void btn_Add_Click(object sender, EventArgs e)
{
    if (isNewNumber) return;
    int number = int.Parse(lbl_Display.Text);
    numberRemember = numberRemember + number;
    lbl_Display.Text = numberRemember.ToString();
    isNewNumber = true;
}
```

[그림 2-15] 코드 작성

7. 숫자 버튼 코드 통합

– [Task] 숫자 버튼마다 Event Handler에 SetNumber 함수를 호출하는 대신 모든 숫자 버튼이 하나의 Event Handler 코드를 공유하는 형태로 코드를 작성한다.

– 지금은 SetNumber(string strNumber)라는 간단한 code를 여러 버튼에 적용하여 과제를 해결할 수 있지만, 만약 복잡하고 어려운 code라면 유사한 10개의 code를 만드는 것은 너무나 비효율적인 coding이 될 것이다.

– 사실 숫자 Button의 Event Handler Code도 살펴보면 하나의 함수입니다. 프로그래머는 동일한 code를 반복하여 작성하기보다는 하나의 공통 code를 만들어 반복적으로 사용하도록 하기 위하여 함수를 작성한다. 그런데 10개의 숫자 버튼을 다루기 위해 10개의 함수를 만든다는 것은 코드가 길어지고 가독성이 떨어지는 등 작성이 비효율적이기도 하지만, 유지보수가 발생한다면 더욱 큰 문제를 발생시킬 수도 있다.

– 이제부터는 모든 숫자 button의 Click Event에서 동일한 Event Handler Code를 사용하게 할 것입니다. 만약 우리가 어떤 button이 눌려서 이 함수로 들어왔는지를 알 수 있다면, 간단히 이 문제를 해결할 수 있을 것이다.

– C#의 event handler code의 첫 번째 인자는 그 event를 발생시킨 Object를 sender라는 이름으로 입력해 준다. Object는 모든 데이터형을 다 저장할 수 있는 데이터 Type이다. 이렇게 범용적으로 첫 번째 인자를 만들어 놓은 이유는 event handler가 Button뿐만 아니라 TextBox, Label 등 다른 control의 경우에도 사용하기 위한 범용성을 확보하

기 위해서이다.

- 우리는 sender가 button이라는 것을 알고 있기 때문에 button의 text 속성에 지정했던 숫자만 확인하면 하나의 code로 모든 숫자 button의 event를 해결할 수 있다.
- Sender에 Dot 연산자를 이용해서 text를 확인할 수 있는데 다만 이 sender는 button type이 아니라 object type이기 때문에 button type으로 형 변환을 해주어야 한다. 이렇게 Object Type을 원래의 data Type으로 만들어 주는 것을 Unboxing이라고 한다. 지금은 개념만 간단히 익히고 넘어가도록 한다.

```
private void btn_1_Click(object sender, EventArgs e)
{
    Button myButton = (Button)sender; // Unboxing
    // SetNumber("1");
    SetNumber(myButton.Text);
}
```

[그림 2-16] 코드 작성

[표 2-3] Button 의미

구분	Remark
Button	Button도 Data Type의 한 종류 (Button Class)
myButton	변수 이름
(Button)sender	Object Type인 sender를 Button Type으로 Unboxing(형 변환)
myButton.Text	눌러진 Button (btn_1)의 Text (= btn_1.Text)

- 모든 Button의 Click Event Code로 btn_1_Click을 선택한다.

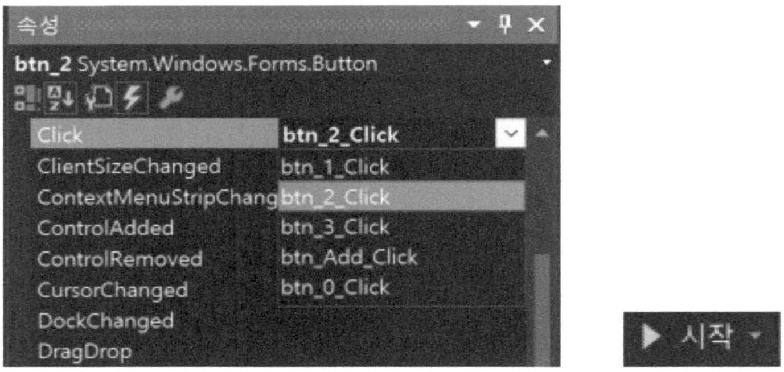

[그림 2-17] 이벤트 선택

- 불필요한(사용되지 않는) Event Handler Code들을 삭제한다.

8. 연산자 버튼 코드 통합

- [Task] 연산자 버튼마다 Event Handler에 기능을 구현하는 대신 모든 연산자 버튼이 하나의 Event Handler 코드를 공유하는 형태로 코드를 작성한다.
- 우리가 지금까지 프로그램을 통해 작성한 + 연산자 code를 살펴보면 연산자가 바뀌었을 때 바뀌어야 하는 code는 두 숫자 사이의 부호밖에 없다. 그래서 숫자 button의 경우에서처럼 더하기, 빼기, 곱하기, 나누기 4개의 event handler에 code를 작성하는 대신 btn_Add_Click 하나의 handler 하나를 이용하여 사칙연산을 수행하고자 한다.
- 숫자 버튼 Event Handler에서와 마찬가지로 눌려진 Button은 sender의 Text 속성을 이용하여 확인할 수 있다.

```
private void btn_Add_Click(object sender, EventArgs e)
{
```

[그림 2-18] sender

1) enum 데이터형

- enum 열거형 데이터 type은 일정한 개수의 data가 존재하고 (더하기, 빼기, 곱하기, 나누기) 이 data를 이용해서 프로그램을 하고 싶을 때 프로그래머가 인위적으로 데이터 type의 이름과 사용할 data를 열거하여 정해 주는 datatype이다.
- 문법적으로는 다음과 같이 적어주면 된다.

```
namespace Calculator_02
{
    internal enum Operator { Add, Sub, Multi, Div}
    public partial class frm_Main : Form
```

[그림 2-19] enum 데이터

[표 2-4] 열거형 데이터

구분	Remark
선언 위치	namespace
internal	접근 제한자: internal은 namespace 내에서 접근 가능
enum	열거형 data type을 정의
Operator	enum형 data type의 새로운 이름
{}	열거할 data를 정의

2) 연산자 통합 코드

- 특정한 연산자 button이 눌려졌다면 그건 이전에 기억된 값과 현재의 값을 과거에 눌려진 연산자로 계산하라는 의미이다.
- 어떤 연산자라도 처음으로 연산자가 눌려졌다면 그 계산은 더하기를 의미이다. 즉 기억된 초깃값인 0과 현재의 값을 더하라는 의미이다. 따라서 최초의 연산자는 Operator.Add로 해야 한다.

```
public partial class frm_Main : Form
{
    int numberRemember = 0;          // 기억할 숫자
    bool isNewNumber = true;         // 새로운 숫자인지 여부
    Operator myOperator = Operator.Add;

    public frm_Main()
```

[그림 2-20] 코드 작성

- 기존 더하기 버튼 Event Handler Code(btn_Add_Click)의 계산 Part를 사칙연산에 따라 Dynamic하게 적용할 수 있는 함수를 생성한다. (조건문 또는 Switch문)

```
private void Calculate(Operator aOperator, int number)
{
    switch (aOperator)
    {
        case Operator.Add:
            numberRemember = numberRemember + number;
            break;
        case Operator.Sub:
            numberRemember = numberRemember - number;
            break;
        case Operator.Multi:
            numberRemember = numberRemember * number;
            break;
        case Operator.Div:
            numberRemember = numberRemember / number;
            break;
        default:
            break;
    }
}
```

[그림 2-21] 코드 작성

- 더하기 연산 부분을 기억된 연산자를 매개변수로 사칙연산을 수행하도록 코드를 변경한다.

```
private void btn_Add_Click(object sender, EventArgs e)
{
    if (isNewNumber) return;
    int number = int.Parse(lbl_Display.Text);
    // numberRemember = numberRemember + number;
    Calculate(myOperator, number); // 기억된 Operator를 적용
    lbl_Display.Text = numberRemember.ToString();
    isNewNumber = true;
}
```

[그림 2-22] 코드 작성

- 다음 계산을 위해 현재 눌려진 연산자를 기억시켜야 한다. 이를 위해서 연산자를 Setting하는 함수를 만들어 준다. 눌려진 버튼에 따라 Operator를 Setting하기 위하여 매개변수는 눌러진 Button인 sender(object type)으로 한다.

```
private void SetOperator(object button)
{
    Button myButton = (Button)button;
    if (myButton.Text == "+") myOperator = Operator.Add;
    else if (myButton.Text == "-") myOperator = Operator.Sub;
    else if (myButton.Text == "X") myOperator = Operator.Multi;
    else if (myButton.Text == "/") myOperator = Operator.Div;
}
```

[그림 2-23] 코드 작성

- 기존 code에서 SetOperator 함수를 호출한다.

```
private void SetOperator(object button)
{
    Button myButton = (Button)button;
    if (myButton.Text == "+") myOperator = Operator.Add;
    else if (myButton.Text == "-") myOperator = Operator.Sub;
    else if (myButton.Text == "X") myOperator = Operator.Multi;
    else if (myButton.Text == "/") myOperator = Operator.Div;
}
```

[그림 2-24] 코드 작성

- 다른 연산자 button의 Click event에 같은 code(btn_Add_Click)를 선택한다.

9. Clear button

– [Task] Clear 버튼을 누르면 화면 표시창의 값을 0으로 바꿔 주고, 변수를 초기화한다.

– Clear button은 우리가 연산을 하다가 처음으로 계산기를 실행시켰을 때 상태로 되돌려 놓는 것이다. 프로그램이 실행되는 동안에 변화된 변수들을 초기화하고, Display 화면도 "0"으로 Setting해 주면 된다.

```
private void btn_Clear_Click(object sender, EventArgs e)
{
    numberRemember = 0;
    isNewNumber = true;
    myOperator = Operator.Add;
    lbl_Display.Text = "0";
}
```

▶ 시작 ▾

[그림 2-25] 코드 작성

10. 등호 button

– 같은 연산자 Event Handler를 사용한다.

– 첫 번째 Equal을 누르면 기억된 연산자로 계산이 이루어지지만, 다시 연산자 버튼을 누르면 해당 연산자가 기억되지 않는다.

– 관련 코드

```
private void btn_Add_Click(object sender, EventArgs e)
{
    if (isNewNumber) return;
    int number = int.Parse(lbl_Display.Text);
    Calculate(myOperator, number); // 기억된 Operator를 적용
    lbl_Display.Text = numberRemember.ToString();
    isNewNumber = true;
    SetOperator(sender);
}
```

▶ 시작 ▾

[그림 2-26] 코드 작성

- 따라서 IsNewNumber가 true인 경우(즉 계산이 완료된 이후) 새로운 연산자가 눌려지면 계산을 다시 하지 않고 연산자만 기억시켜 주면 된다.

```
private void btn_Add_Click(object sender, EventArgs e)
{
    // if (isNewNumber) return;
    if (isNewNumber)
    {
        SetOperator(sender);
        return;
    }
    int number = int.Parse(lbl_Display.Text);
    Calculate(myOperator, number); // 기억된 Operator를 적용
    lbl_Display.Text = numberRemember.ToString();
    isNewNumber = true;
    SetOperator(sender);
}
```

[그림 2-27] 코드 작성

CHAPTER 03

스마트제조& 아두이노-PLC 통신 및 C# 프로그래밍

C# 클래스 실습

학습 목표

1. 클래스의 기본 개념에 대해 설명할 수 있다.
2. 클래스 객체화와 생성자에 대해 설명할 수 있다.
3. 클래스 기반 C# 기본 프로그래밍을 작성할 수 있다.

1. Class의 개념

- Class는 흔히 어떤 것에 대한 정의, 설계도 또는 청사진이라고 표현한다.
- 보통 쉽게 예를 드는 것이 붕어빵이다. 붕어빵 틀이 Class이다. 그리고 이 붕어빵 틀에서 만들어진 모든 붕어빵 전체를 붕어빵 Class의 객체(Object)라고 하고, 그 하나하나를 인스턴스(Instance)라고 한다.
- 일반적으로 붕어빵을 만들 때 반죽과 앙금 재료를 넣고 가열해서 붕어빵을 만든다.
- 이 경우에도 반죽의 점도나 들어가는 앙금의 양에 따라 붕어빵이라고 하는 것도 달라질 수 있다. 만약 반죽을 밀가루 반죽이라고 고정한다면 밀가루 붕어빵만 만들어지겠지만 만약 반죽을 변수로 해서 찹쌀 반죽을 사용할 수 있다면 찹쌀 붕어빵을 만들 수 있는 것처럼 앙금의 경우에도 팥 앙금이 아닌 다른 내용물을 사용할 수도 있고, 극단적으로는 앙금을 전혀 넣지 않은 붕어빵을 만들 수도 있게 된다.
- 프로그램적으로 볼 때는 반죽, 앙금이라고 하는 변수에 밀가루나 찹쌀과 같은 어떤 값을 넣어서 가열이라는 기능을 작동시켜 붕어빵을 만든다.

- Class에서는 반죽이나 앙금 같은 기본 요소이면서도 바뀔 수 있는 변수를 필드라고 하고, 가열과 같은 기능을 메소드라고 한다. 또한, 붕어빵 틀에서 붕어빵을 만드는 것을 객체화라고 한다.

2. 프로젝트 만들기

- 새 프로젝트 〉〉 Windows Forms Application 〉〉 이름: Aquarium

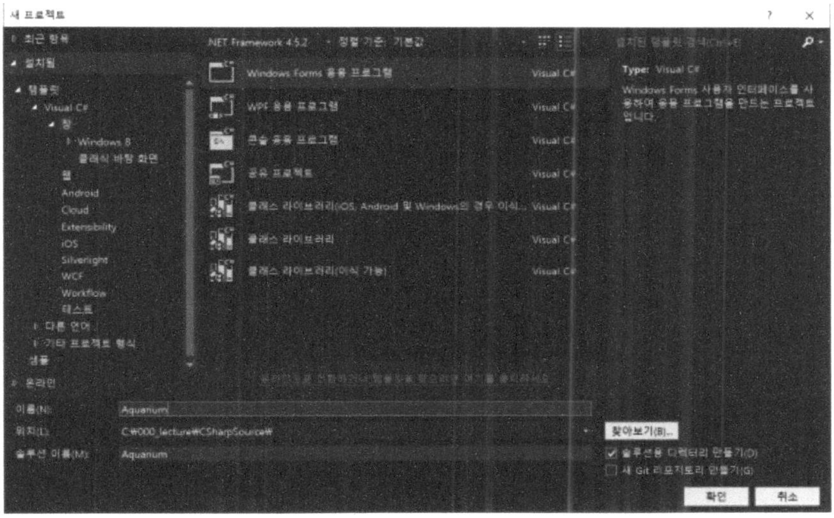

[그림 3-1] Windows Forms 응용 프로그램

1) Form1.cs 이름 바꾸기 및 속성 Setting

[표 3-1] 속성창

Object	속성	Setting	비고
Form	Name	frm_Main	이름 바꾸기로 자동 변경
	Text	Aquarium	

2) 시나리오

- Class의 이해를 위해 다음 시나리오의 간단한 게임을 하나 만들어 보도록 하자.

- Aquarium에 Nemo라는 물고기가 한 마리 있다. - 물고기의 건강 상태를 0~100을 기준으로 관리한다. - 먹이를 주면 건강 상태가 20 좋아지고, 청소해 주면 건강 상태가 10 좋아진다. - 시간이 지나면서 건강 상태가 10씩 나빠진다. - 만약 건강 상태가 0이 되면 MessagBox를 띄워 주고 더 이상 먹이 주기 및 청소하기 기능을 수행할 수 없도록 한다.

3. Class 만들기

1) Class 파일 추가

- 한 설계도에 붕어빵 설계도와 자동차 설계도를 같이 만들지 않는 것처럼 일반적으로 Class를 정의할 때는 독립된 C# file로 따로 만들어 준다.
- 솔루션 탐색기〉〉Project Name〉〉right Click〉〉추가〉〉새항목〉〉Class

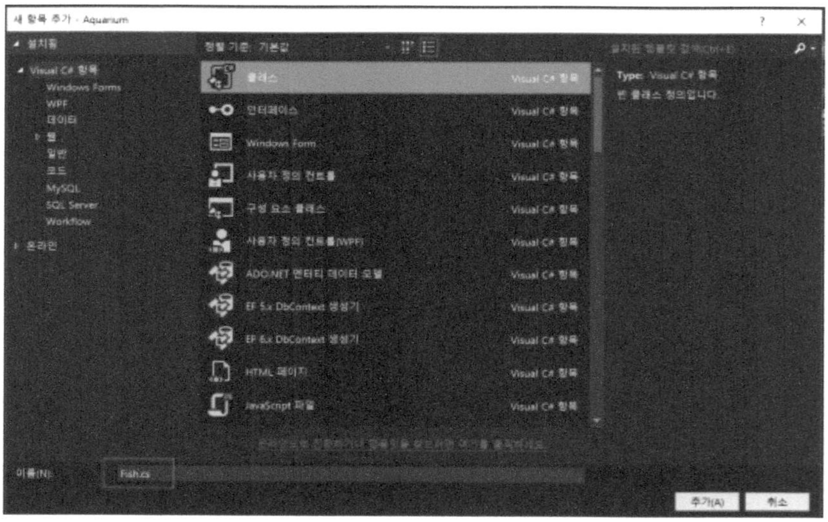

[그림 3-2] 클래스 추가

- 새로운 Class C# 파일이 만들어지고, 같은 namespace에 속한다.

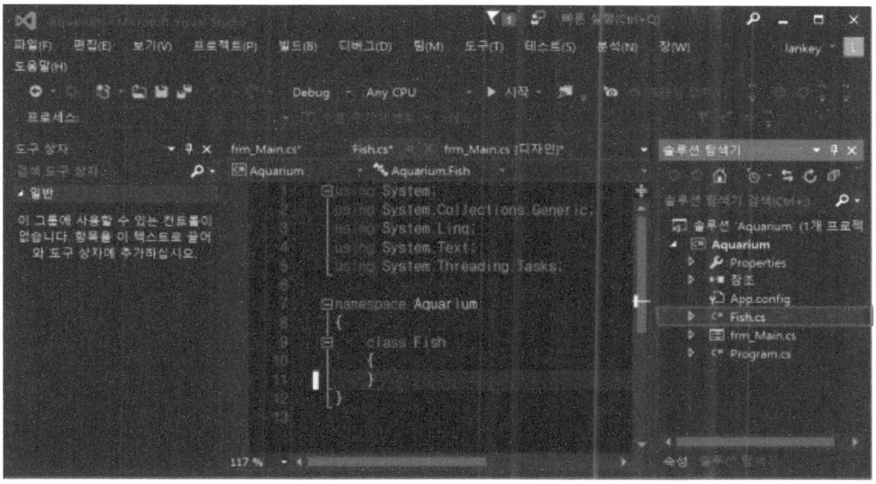

[그림 3-3] 클래스 추가 적용 화면

- 작성된 프로그램의 구조는 하나의 namespace 내에 존재하는 두 개의 Class가 각각 다른 C# 파일 (frm_Main.cs, Fish.cs)에 저장되어 있는 구조이다.

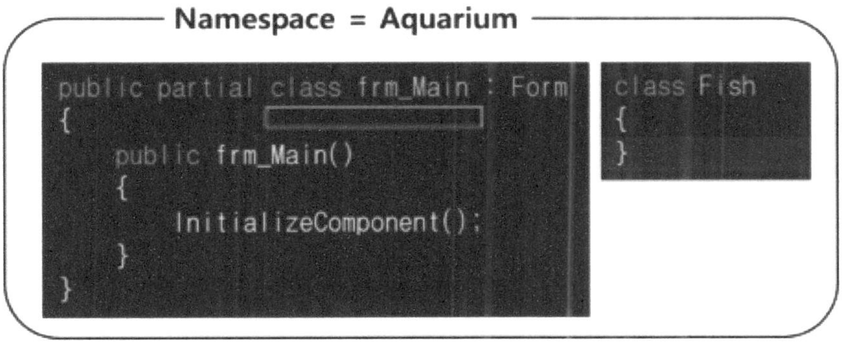

[그림 3-4] 작성된 프로그램 구조

- 하나의 C# 파일에 여러 개의 Class를 만들 수도 있다.

```
namespace Aquarium
{
    public partial class frm_Main : Form
    {
        public frm_Main()
        {
            InitializeComponent();
        }
    }

    class Bird
    {

    }
}
```

[그림 3-5] 파일 내 클래스 추가

2) Class의 필드와 메소드 추가

- 우리는 여기에 필드(변수)와 메소드(함수)를 정의한다. (Naming Rule)
- 우리는 이름과 건강지수를 가지며, 먹이 주기 기능과 청소하기 기능을 가진 Fish Class를 만든다.
- Fish Class는 물고기가 아니라는 것을 이해해야 한다.

```
namespace Aquarium
{
    class Fish
    {
        string Name;
        int Health;
        void Feed()
        {
            // 먹이주는 기능
        }
        void Clean()
        {
            // 청소하기 기능
        }
    }
}
```

[그림 3-6] 코드 작성

3) 접근 제한자

- 접근 제한자란 생성한 Class 및 Class에 속하는 필드, 메소드를 어느 Level에서 공개할 것인지를 정의하는 keyword이다.

[표 3-2] 접근 제한자

접근 제한자	적용
private	Class 내부에서만 사용되고 Class 외부에서는 접근이 불가능
Internal	동일한 namespace에서 접근이 가능
public	어디에서나 접근이 가능 (다른 namespace에서 접근 가능)

※ protected, internal 등의 접근 제한자는 필요 시점에 학습한다.

- 자동차에는 공개된(public) 가속 페달과 브레이크 페달이 있다. 운전자는 이 두 기능을 이용하여 자동차를 앞으로 전진하게 하거나 정차하게 한다. 하지만 자동차 내에는 가속과 감속을 위한 무수히 많은 숨겨진(private) 기능들이 있다. 예를 들어 사용자가 가속 페달을 밟으면 내부적으로는 수많은 기능을 통해 더 많은 기름이 엔진 속으로 들어가게 한다.
- 하지만 자동차의 가속이나 감속과 관련되어 사용자가 사용할 수 있는 기능은 밖으로 나와 있는 가속 페달이나 브레이크 페달밖에 없다. 숨겨진 기능이 있다고 해도 사용자는 알 필요도, 직접 사용할 필요도 없기 때문일 것이다. 운전자 입장에서는 필요한 기능만 있으면 되고, 자동차 회사의 입장에서는 내부 기능을 공개하여 발생할 수 있는 오류의 방지를 위한 또 다른 작업을 안 해도 되기 때문이다.
- 위의 예에서 우리는 아무런 접근 제한자도 명기하지 않았다. 접근 제한자가 없는 경우의 기본 Setting은 다음과 같다. 가능한 한 접근 제한자는 명시적으로 적어 주는 것이 좋다.

[표 3-3] 접근 제한자가 없는 경우 기본 Setting

구분	설명
Class	Internal
필드, 메소드	private

- 접근 제한자는 가능한 한 명시적으로 선언하는 것이 좋다.

```
internal class Fish
{
    public string Name;
    private int health;
    public void Feed()
    {
        // 먹이주는 기능
    }
    public void Clean()
    {
        // 청소하기 기능
    }
}
```

[그림 3-7] 코드 작성

[표 3-4] 접근 제한자 Setting

구분	접근 제한자	설명
Fish Class	internal	- Aquarium namespace에서만 사용
Name	public	- Aquarium namespace에서만 사용할 예정이므로, internal로 선언할 수도 있지만, Class의 접근 제한자에 따라 그 범위가 변경될 수 있도록 하기 위해 public으로 설정(필드가 public이라도 Class가 internal이면 실질적으로 internal과 같음)
health	private	- Class 외부에서 강제로 값을 변경할 수 없도록 함
메소드	public	- 외부에서 호출할 예정

※ Naming Rule: Class 이름, 함수 이름 및 public 필드(변수)는 Pascal Case로, private 필드(변수)는 camel case로 작명한다.

4. Class 객체화와 생성자

1) Class 객체화

- 이제 Form에서 Fish Class(설계도)에 의해서 하나의 instance를 만들어 보자.
- 일반적인 변수의 선언은 변수의 data type이 먼저 나오고 변수 이름이 나오고 초깃값을 부여한다.
- Class는 다음과 같이 선언하여 생성한다.

```
public partial class frm_Main : Form
{
    Fish myFish = new Fish();

    public frm_Main()
    {
        InitializeComponent();
    }
}
```

[그림 3-8] 코드 작성

- myFish는 Fish Class type의 데이터형을 가지는 private 변수(frm_Main의 필드)이며, new는 memory 할당을 위한 keyword이다.

2) 메모리 구조와 데이터 타입

- 정수형과 같은 데이터 타입을 수치형 데이터 타입이라고 하고, Class와 같은 데이터 타입을 참조형 데이터 타입이라고 한다.
- 수치형 데이터 타입은 수치를 그냥 대입하면 되지만, Class는 여러 개의 변수가 모여서 하나의 형태를 가지므로 Class를 Instance화할 때는 new라는 keyword를 써서 Heap memory를 할당해 준다.

[표 3-5] 메모리 비교

구분	Stack Memory	Heap Memory
메모리 크기 결정	Compile 시기에 결정	Runtime 시기에 결정
int number = 0	변수 이름 = number 값 = 0	
Fish MyFish = new Fish()	변수 이름 = MyFish	Name = “” Health = 0

3) 생성자

- Fish()는 Fish Class를 new 연산자를 이용해서 Object를 만들 때만 사용하는 특수한 메소드로서 “생성자”라고 한다.
- 우리는 이 Fish() 이라는 메소드를 선언한 적이 없다. 모든 Class는 생성자를 가지는데 아무런 생성자도 선언하지 않으면 default로 기본 생성자를 가지게 된다.
- Class의 생성자는 Class와 같은 이름을 가지는 함수 형태로 선언된다.

```
internal class Fish
{
    public string Name;
    private int health;
    public Fish()      // 생성자
    {

    }
    public void Feed()...
    public void Clean()...
}
```

[그림 3-9] 코드 작성

[표 3-6] 생성자

구분	설명
접근 제한자	생성자는 외부에서 호출하므로 public으로 선언한다.
return	생성자는 return이 없다. 일반 함수와 다른 점은 return 값을 가지지 않는다는 의미의 void라는 keyword도 적지 않다.
이름	Class의 이름과 같아야 한다.
매개변수	매개변수가 있는 생성자를 만들 수 있다 .
Code	필요할 때 일반 메소드와 같이 중괄호 나에 코드를 작성한다.

※ 매개변수도 중괄호 내에 코드도 없는 생성자를 기본 생성자라고 하며, 기본 생성자는 만들지 않아도 된다.

4) 인자가 있는 생성자

- 기본 생성자의 코드 블록에 코드를 작성할 수도 있고, 외부에서 생성자를 호출하여 object를 만들 때 특별한 값을 넣어 주고 싶을 때는 매개변수가 있는 생성자를 만들어 주면 된다.

```
internal class Fish
{
    public string Name;
    private int health;
    public Fish(string name) // 매개변수가 있는 생성자
    {
        Name = name;
    }
    public void Feed()...
    public void Clean()...
}
```

[그림 3-10] 코드 작성

- Class에 매개변수가 있는 생성자가 있으며, Class를 instance화할 때는 반드시 매개변수의 값을 넣어 주어야 한다.

```
public partial class frm_Main : Form
{
    Fish myFish = new Fish("Nemo");

    public frm_Main()
    {
        InitializeComponent();
    }
}
```

[그림 3-11] 코드 작성

- 만약 인자가 있는 생성자와 함께 인자가 없는 생성자도 필요하다면 기본 생성자를 Class 내에 명시적으로 작성해 주어야 한다.

5. Fish Class 완성

1) 필드의 기본값

- 필드는 일반 변수와 마찬가지로 기본값을 가질 수 있다. 건강 상태를 기본값 50으로 한다.

```
internal class Fish
{
    public string Name;
    private int health = 50;
    public Fish(string name) // 매개변수가 있는 생성자[...]
    public void Feed()[...]
    public void Clean()[...]
}
```

[그림 3-12] 코드 작성

2) 메소드 완성

- 먹이를 주면 건강 상태가 20이 올라가되, 100이 넘지 않도록 code를 작성한다.

```
public void Feed()
{
    health = health + 20;
    if (health > 100) health = 100;
}
```

[그림 3-13] 코드 작성

※ 자기 자신의 특정한 값을 연산할 경우에는 추가 연산자를 사용할 수 있다.

```
public void Feed()
{
    // health = health + 20;
    health += 10;
    if (health > 100) health = 100;
}
```

[그림 3-14] 코드 작성

- 청소를 해주면 10이 올라가도록 하되 100이 넘지 않도록 code를 작성한다.

```
public void Clean()
{
    health += 10;
    if (health > 100) health = 100;
}
```

[그림 3-15] 코드 작성

- 건강 상태가 나빠지는 메소드를 추가한다.

```
public void MakeWorse()
{
    health = health - 10;
    if (health < 0) health = 0;
}
```

[그림 3-16] 코드 작성

- 건강 상태를 나타내는 health가 private이므로 외부에서는 접근이 불가능하다. 건강 상태는 메소드를 호출하여 return 받도록 한다.

```
public int GetHealth()
{
    return health;
}
```

[그림 3-17] 코드 작성

6. frm_Main에서 Fish Class 활용

– 우리는 Fish라는 Class를 만들었고, new라는 keyword와 생성자를 이용하여 Nemo라는 물고기를 만들었다. 이제 화면을 디자인해서 게임을 만들어 보자.

```
public partial class frm_Main : Form
{
    Fish myFish = new Fish("Nemo");

    public frm_Main()
    {
        InitializeComponent();
    }
}
```

[그림 3-18] 코드 작성

1) 화면 디자인

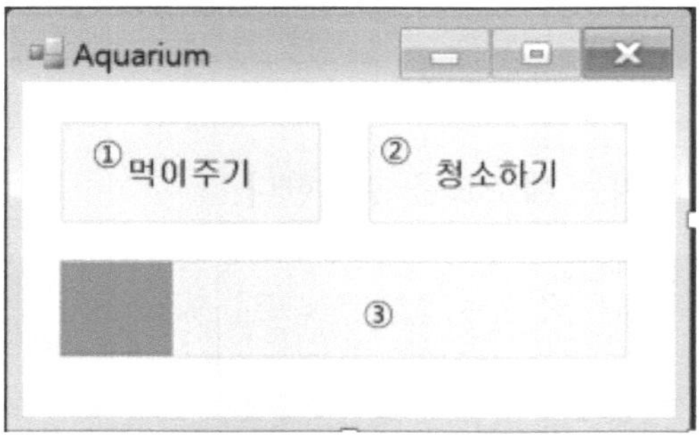

[그림 3-19] 화면 디자인 구성

[표 3-7] 속성창

Control 종류	속성	Setting	비고
Button	Name	btn_Feed	
	Text	먹이 주기	
Button	Name	btn_Clean	
	Text	청소하기	
ProgressBar	Name	pbar_Health	
	Value	20	

2) 건강 상태 표시

- 건강 상태를 보여 주는 Progress Bar와 관련된 Code를 작성한다. 지속적으로 읽어서 변화되는 값을 표시해 주기 위하여 Timer라는 컨트롤을 사용한다.
- Timer의 속성을 Setting한다.

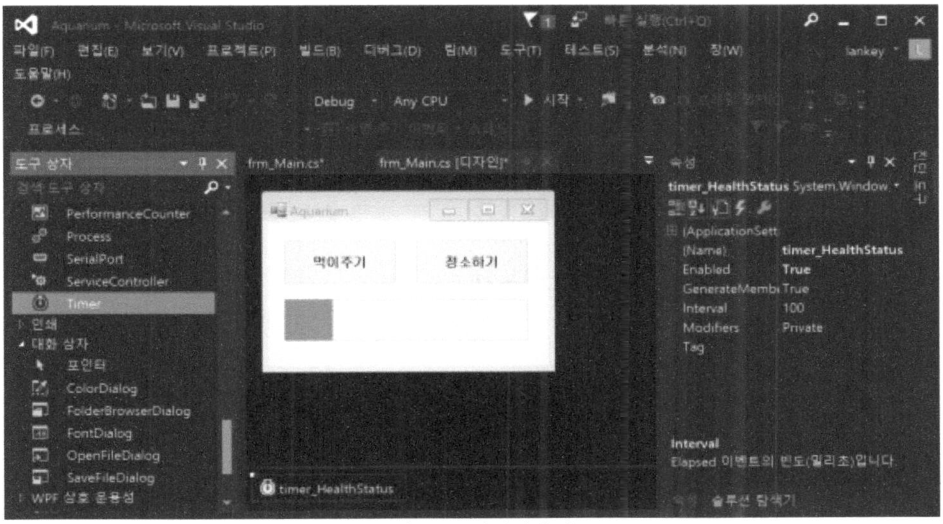

[그림 3-20] 타이머 추가

[표 3-8] 속성창

속성	Setting	설명
Name	timer_HealthStatus	
Enabled	True	프로그램이 시작하면서부터 Timer가 작동된다.
Interval	100	100밀리세컨드마다 Tick Event를 수행한다.

- Tick Event에 코드를 작성한다.

```
private void timer_HealthStatus_Tick(object sender, EventArgs e)
{
    pbar_Health.Value = myFish.GetHealth();
}
```

[그림 3-21] 코드 작성

3) 먹이 주기

- 버튼의 Click Event에서 Fish Class의 Feed() 메소드를 호출한다.

```
private void btn_Feed_Click(object sender, EventArgs e)
{
    myFish.Feed();
}
```

[그림 3-22] 코드 작성

4) 상태 악화

- Timer를 이용하여 1초당 10씩 상태가 악화되도록 한다.

[표 3-8] 속성창

속성	Setting	설명
Name	timer_MakeWorse	
Enabled	True	프로그램이 시작하면서부터 Timer가 가동된다.
Interval	1000	1초마다 Tick Event를 수행한다

- Tick Event에 코드를 작성한다.

```
private void timer_MakeWorse_Tick(object sender, EventArgs e)
{
    myFish.MakeWorse();
}
```

[그림 3-23] 코드 작성

5) 청소하기

- 청소하기 버튼을 마우스로 누르고 있는 동안 1초에 한 번씩 Fish Class의 Clean() 메소드를 호출한다. 마우스를 떼면 작동을 멈춘다.
- 누르고 있는 일정 기간 동안 작동하므로 Timer를 이용하여 코드를 작성한다.

[표 3-9] 속성창

속성	Setting	설명
Name	timer_Clean	
Enabled	False	프로그램이 시작할 때에는 Timer가 작동하지 않는다.
Interval	1000	1초마다 Tick Event를 수행한다

- Timer의 Tick Event 코드를 작성한다.

```
private void timer_Clean_Tick(object sender, EventArgs e)
{
    myFish.Clean();
}
```

[그림 3-23] 코드 작성

- 마우스를 눌렀을 때와 떼었을 때 연관성을 가지고 코드를 작성할 경우가 많이 있는데, 이를 담당하는 Event는 MouseDown과 MouseUp이다. MouseDown Event Handler에서 timer_Clean을 시작시키고, MouseUp에서 중지시킨다.

```
private void btn_Clean_MouseDown(object sender, MouseEventArgs e)
{
    timer_Clean.Start();
}
```

```
private void btn_Clean_MouseUp(object sender, MouseEventArgs e)
{
    timer_Clean.Stop();
}
```

[그림 3-24] 코드 작성

- 실제 호출하면 청소하기 기능으로 건강 상태를 향상시킬 수 없다. (청소하기는 health +10, 건강 악화는 health -10으로 작동하기 때문)

6) 게임 종료

- 건강 상태가 0이 되면 MessageBox를 띄우고 Button을 Control한다.
- 게임 종료를 위한 메소드를 작성한다.

```
private void EndGame()
{
    btn_Feed.Enabled = false;
    btn_Clean.Enabled = false;
    timer_HealthStatus.Stop();
    timer_MakeWorse.Stop();
    MessageBox.Show(myFish.Name + "가 죽었습니다.",
        "게임종료",
        MessageBoxButtons.OK,
        MessageBoxIcon.Exclamation);
}
```

[그림 3-25] 코드 작성

- 건강 상태를 Check하는 Event인 timer_HeathStatus_Tick에서 건강 상태를 Check하여 EndGame() 메소드를 호출한다.

```
private void timer_HealthStatus_Tick(object sender, EventArgs e)
{
    // pbar_Health.Value = myFish.GetHealth();
    int health = myFish.GetHealth();
    pbar_Health.Value = health;
    if (health == 0) EndGame();
}
```

[그림 3-26] 코드 작성

- 메시지 박스를 이용하여 프로그램 종료하기

```
private void EndGame()
{
    btn_Feed.Enabled = false;
    btn_Clean.Enabled = false;
    timer_HealthStatus.Stop();
    timer_MakeWorse.Stop();

    //MessageBox.Show(myFish.Name + "가 죽었습니다.",
    //    "게임종료",
    //    MessageBoxButtons.OK,
    //    MessageBoxIcon.Exclamation);

    DialogResult dResult =  MessageBox.Show(
        myFish.Name + "가 죽었습니다. 프로그램을 종료할까요?",
        "게임종료",
        MessageBoxButtons.YesNo,
        MessageBoxIcon.Exclamation);

    if (dResult == DialogResult.Yes) this.Close();
}
```

[그림 3-27] 코드 작성

7. Class의 의미

- 이 프로그램은 아주 단순하지만 Class가 가지고 있는 많은 특징들을 살펴볼 수 있었다. 이제 우리가 수족관의 환경 요소와 물고기의 특징, 예를 들어 이동 속도, 먹이사슬 등의 요소들을 추가해서 서로 만났을 때의 반응 등을 추가로 만들어 주고, 그래픽을 입혀 주면 일반적인 App에서 보는 물고기 키우기 게임을 만들 수 있다.
- 일반적으로 Class 형태로 만들어진 프로그램을 객체 지향 프로그램이라고 하는데, 우리는 위와 같은 기능을 가진 Class와 환경을 만들어 다수의 물고기 객체만 만들어 넣어 주면 객체들이 서로 반응하면서 (큰 물고기가 작은 물고기를 잡아먹고, 작은 물고기는 도망가서 숨고 하는 등) 게임이 이루어진다. 사용자 간섭 등의 경우에 필요한 메소드만 적절히 호출해 주면 모든 동작은 객체가 알아서 수행한다. 이게 객체 지향 프로그램이다.

8. 실습 과제

- 새로운 프로젝트(Aquarium2)를 만들어 다음의 시나리오로 프로그램을 만들어 보자. 단, 최대한 Class를 이용하여 프로그램을 작성하도록 한다.

> - Aquarium에 Nemo라는 물고기가 한 마리 있다.
> - 먹이 주기 버튼을 이용하여 먹이를 주면 물고기의 건강 상태가 20 좋아지고 수족관은 10 오염된다.
> - 청소 버튼을 눌러서 청소를 해주면 수족관 상태는 20 좋아진다. (청소는 청소 버튼을 누르고 있는 동안 1초에 한 번씩 좋아진다.)
> - 물고기의 건강 상태와 수족관의 오염 상태는 1초에 10씩 나빠진다.
> - 물고기의 건강 상태와 수족관의 오염 상태는 0~100을 기준으로 관리한다.
> - 건강 상태가 10 이하가 되거나 오염도가 90 이상이 되면 물고기가 죽는다.
> - 물고기가 죽으면 메시지를 띄우고 더 이상 먹이 주기와 청소하기 버튼이 작동하지 않는다.

- 물고기 상태와 수족관 상태는 Progress Bar를 이용하여 표시한다.
- Fish Class와 Aquarium Class를 이용한다.

CHAPTER 04

스마트제조& 아두이노-PLC 통신 및 C# 프로그래밍

C# 외부 인터페이스(MX Component)

학습 목표

1. C#과 PLC 간 외부 인터페이스 방법에 대해 설명할 수 있다.
2. MX Component 라이브러리를 이용한 인터페이스 프로그래밍을 작성할 수 있다.

1. OPC(OLE for Process Control) 개요

- OPC(OLE for Process Control)는 필드 시스템 또는 Device와 Business Application 간의 호환을 위한 마이크로소프트의 OLE/COM과 DCOM 기술을 기반으로 한 인터페이스 집합으로 PLC, Controller, I/O Device 같은 data source와 사용자 프로그램(e.g. HMI SCADA etc.)의 연결을 위해 사용되는 표준이다.
- OPC 개발 이전에는 SCADA와 같은 Target Application과 통합하기 위해 특별한 드라이버와 Protocol이 사용되었다.
- OPC는 필드 시스템이나 Device에 대한 Access 를 목적으로 하기 때문에 그 자체로는 제어 알고리즘을 제공하지 않지만, C#과 같은 OPC 활용 Application을 이용하여 필드 시스템이나 Device에 Access하여 정보를 읽거나 변경이 가능하기 때문에 얼마든지 Logic을 구현하여 제어가 가능하다.
- OPC는 현장 Machine을 Internet망을 통해 사무실의 PC나 모바일 기기를 통해 접속하

고 제어하는 IoT 환경을 구축하는 데 효율적으로 사용될 수 있다. 특히 OPC를 이용하여 Machine의 각종 정보를 Database나 Big Data Platform에 누적하여 분석하거나, 분석된 결과를 제어에 사용할 수 있다는 점 때문에 OPC는 4차 산업의 관점에서도 유용한 도구이다.

- OPC의 위치

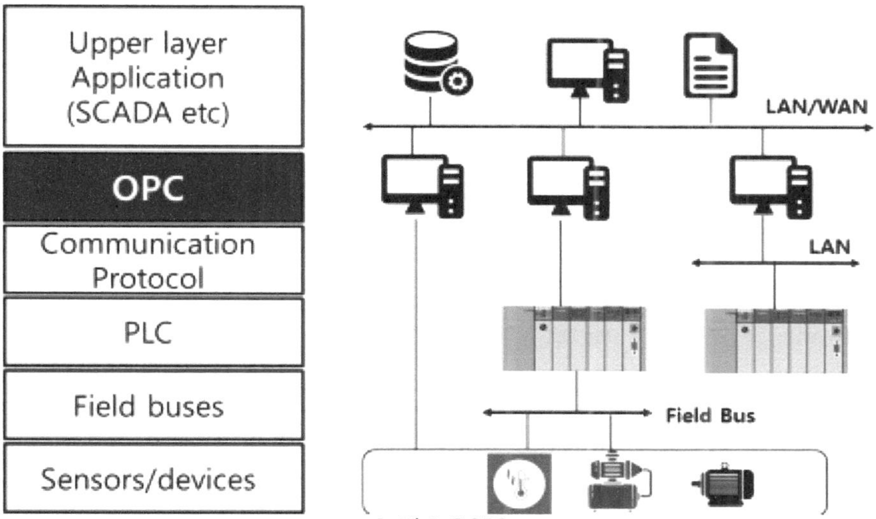

[그림 4-1] OPC

2. Protocol의 이해

- 통신을 하는 두 실체(Entity) 간에 무엇을, 어떻게, 언제, 통신할 것인가에 대한 통신규정의 약속을 프로토콜이라 한다.

- OSI 7 Layer

[표 4-1] OSI 7 Layer

Layer		Protocol/Device	Remark
7. Application	Upper	HTTP	Program
6. Presentation	Layer	JPEG, ASCII	Encrypt/Decrypt
5. Session	Data	SQL	Logical Port
4. Transport	Segment	TCP/UDP	TCP/UDP Header
3. Network	Packet	IP, Router	sip, dip
2. Data Link	Frame	Switch	smac, dmac
1. Physical	Signal	RS232, RS485	Cables & Hub

- OPC 관련 Protocol

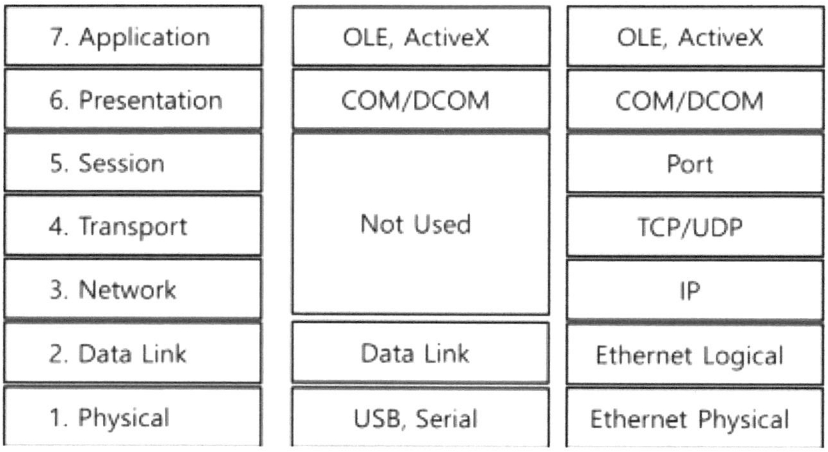

[그림 4-2] OPC 관련 Protocol

3. MX Component

- PLC 제조사들도 자신들의 PLC에 맞춰서 다양한 사용자들의 요구사항에 부응하기 위하여 OPC 제품군을 출시하고 있으며, MX Component는 Mitsubishi사의 표준 OPC 제품 중의 하나이다.
- 우리는 이번 교육 과정을 통해 프로젝트를 작성할 때, PLC에 대한 사전 지식을 기반으로 한 접근을 하지는 않는다. C# 프로그래머로서 우리는 조작 가능한 Device의 종류와 기능에만 관심을 가지며, 그에 필요한 OPC의 기능에 집중할 것이다.

4. Communication Setup

- 메뉴에서 관리자 모드로 Communication Setup Utility 실행

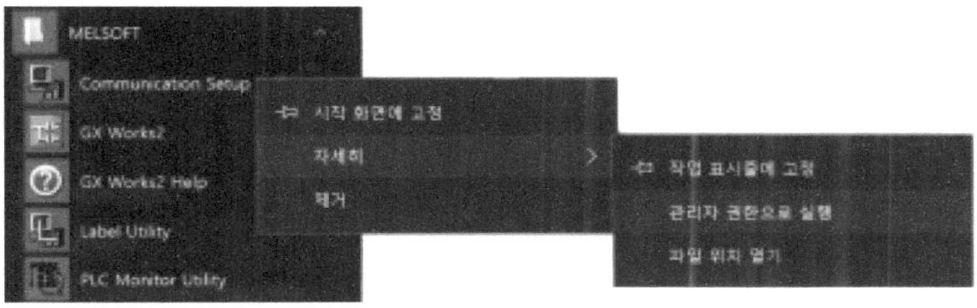

[그림 4-3] 관리자 권한 실행

- Wizard 실행

[그림 4-4] Wizard 클릭

– Logical Station Number

[그림 4-5] 로컬 스테이션 번호 입력

– 통신 방법 선택 (USB)

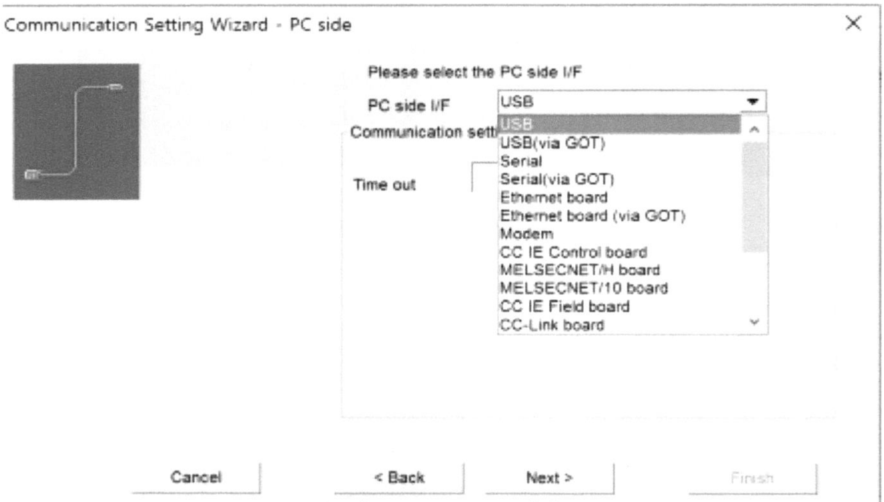

[그림 4-6] PC side I/F 선택

– PLC CPU 선택

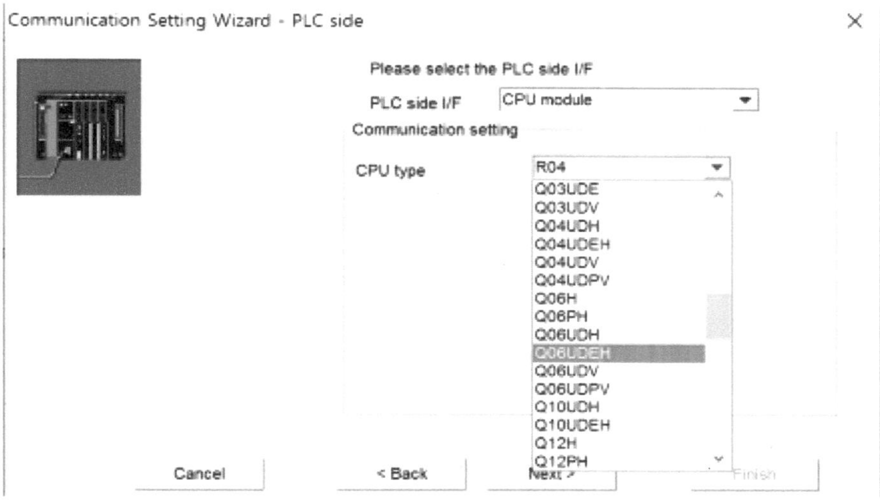

[그림 4-7] CPU Type 선택

– Comment 작성

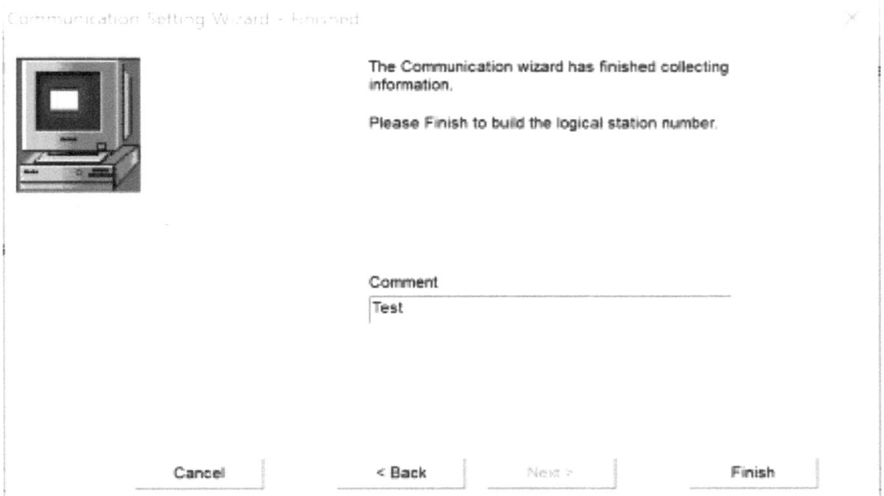

[그림 4-8] Comment 입력

– Finish

[그림 4-9] 최종 설정 화면

5. 프로젝트 만들기

– 새 프로젝트 〉〉 Windows Forms Application 〉〉 이름: Aquarium

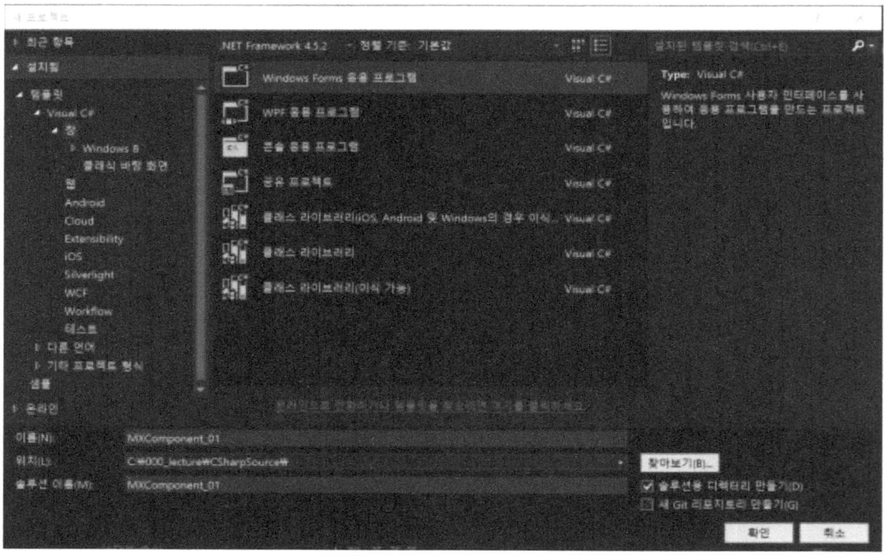

[그림 4-10] Windows Forms 응용 프로그램

1) Form1.cs 이름 바꾸기 및 속성 Setting

[표 4-1] 속성창

Object	속성	Setting	비고
Form	Name	frm_Main	이름 바꾸기로 자동 변경
	Text	MX Component	

6. 화면 디자인

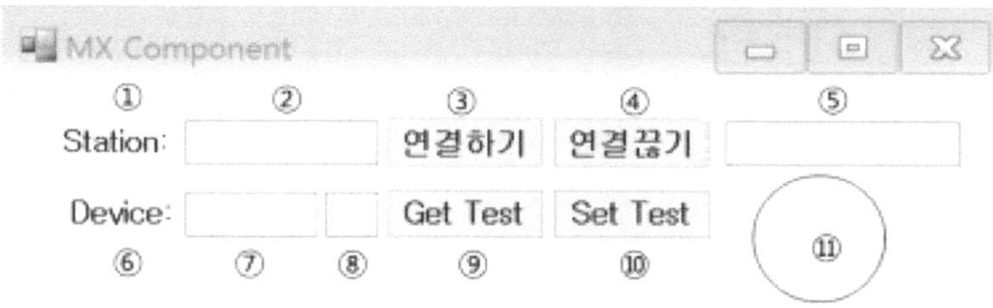

[그림 4-2] 화면 디자인 구성

[표 4-2] 속성창

	Control 종류	속성	Setting	비고
1	Label	Text	Station:	
2	TextBox	Name	tbx_StationNo	
3	Button	Name	btn_Open	
		Text	연결하기	
4	Button	Name	btn_Close	
		Enabled	False	연결 후에 접근 가능
		Text	연결 끊기	
5	TextBox	Name	tbx_Message	
		ReadOnly	True	사용자 입력 없음
6	Label	Text	Device:	
7	TextBox	Name	tbx_DeviceNo	
		Enabled	False	연결 후에 접근 가능

8	TextBox	Name	tbx_OnOff	
		Enabled	False	연결 후에 접근 가능
9	Button	Name	btn_GetTest	
		Enabled	False	연결 후에 접근 가능
10	Button	Text	Get Test	
		Name	Btn_SetTest	
		Enabled	False	연결 후에 접근 가능
11	OvalShape	Text	Set Test	
		Name	oval_Lamp	
		BackStyle	Opaque	

※ Oval Shape는 Visual Basic PowerPacks에서 제공한다.

7. 참조 추가

- C#이 기본적으로 제공하지 않는 프로그램 요소들을 이용할 때 사용되는 기능
- 솔루션 탐색기 〉 참조 〉 Right Button 〉 참조 추가

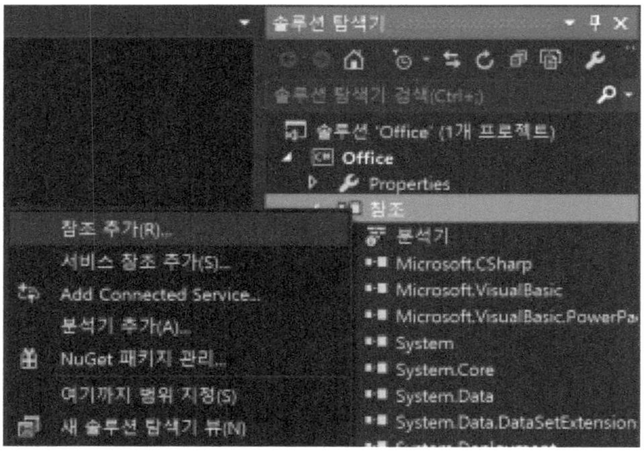

[그림 4-3] 참조 추가

1) Visual Basic PowerPacks 추가 및 도구상자 항목 추가

- 참조 추가

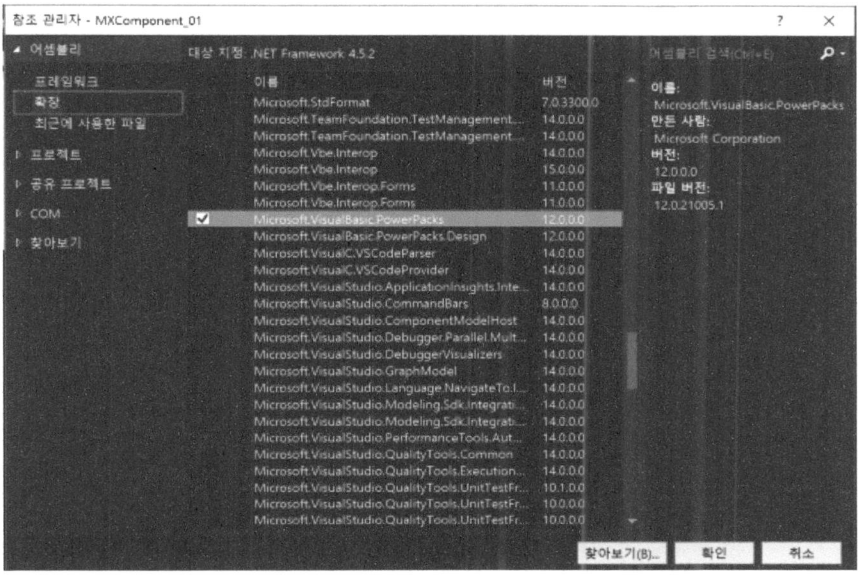

[그림 4-4] Visual Basic PowerPacks 선택

- 도구상자 항목 추가

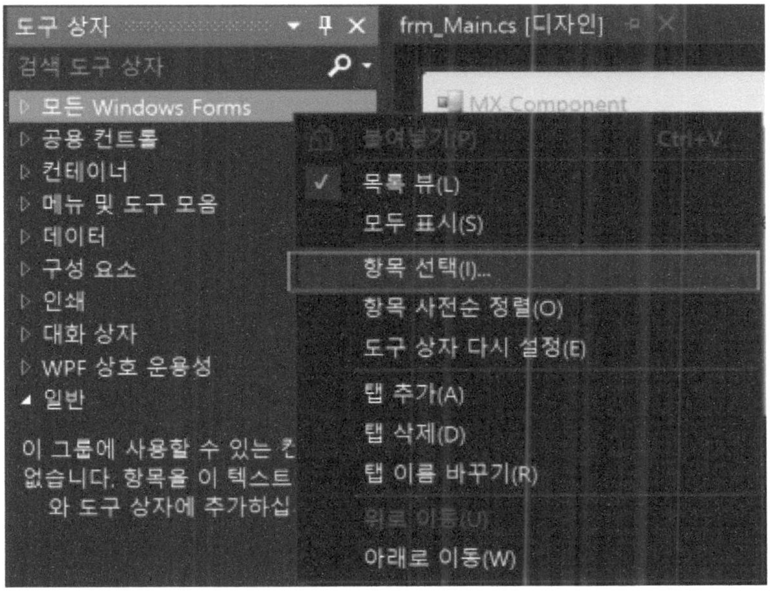

[그림 4-5] 항목 선택

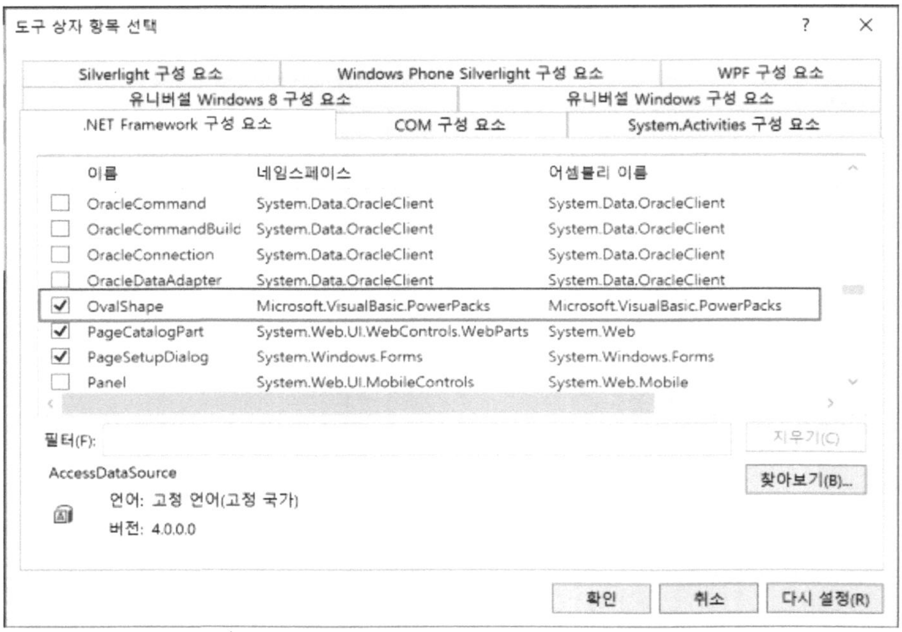

[그림 4-6] OvalShape 선택

2) MX Component 추가

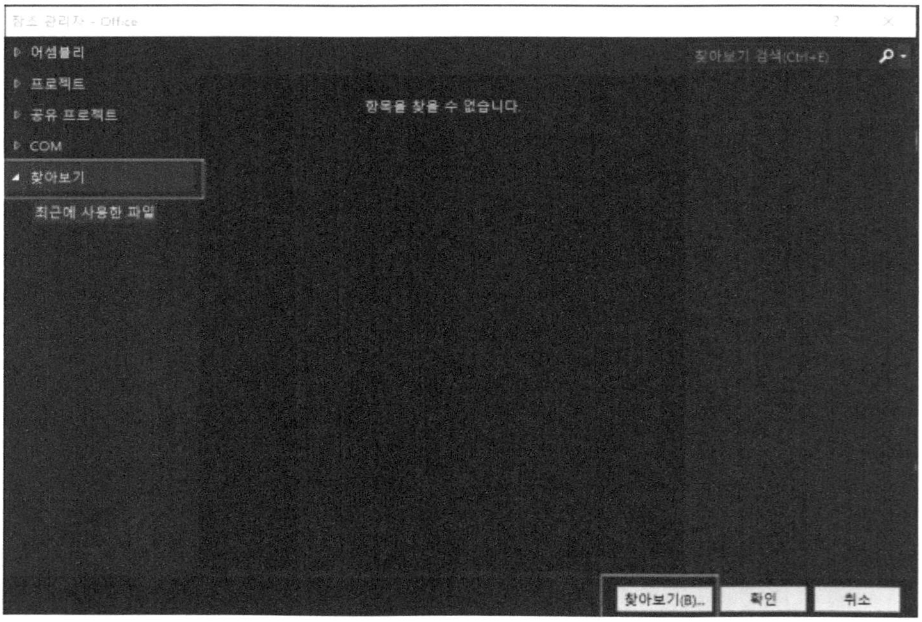

[그림 4-7] 찾아보기 선택

[그림 4-8] ActMulti.dll 추가

8. 프로그램 작성

1) OPC 객체 생성

- namespace를 추가

```
using ACTMULTILib;
```

[그림 4-9] 코드 작성

- PLC 연결을 위한 새로운 객체를 만들어 준다.

```
public partial class frm_Main : Form
{
    ActEasyIF myOPC = new ActEasyIF(); // 객체생성

    public frm_Main()
    {
        InitializeComponent();
    }
}
```

[그림 4-10] 코드 작성

2) PLC와 연결하기

- btn_Open_Click Event Handler에서 Station Number에 대한 Validation 수행하고, 유효한 Station Number인 경우 myOPC 객체의 station Number로 입력하고, 연결을 시도한다.

```
private void btn_Open_Click(object sender, EventArgs e)
{
    int stationNo = 0;
    if (int.TryParse(tbx_StationNo.Text, out stationNo) == false)
    {
        MessageBox.Show("올바른 Station Number를 입력하세요");
        return;
    }
    myOPC.ActLogicalStationNumber = stationNo;
    myOPC.Open();
}
```

[그림 4-11] 코드 작성

- Open()은 결과를 int 값으로 반환하며 그에 따른 코드를 작성한다.

[표 4-3] Open() 함수 리턴 데이터

return value (int)	의미
0	성공
기타	Error (Manual에서 확인, 16진수로 표시됨)

```
private void btn_Open_Click(object sender, EventArgs e)
{
    int stationNo = 0;
    if (int.TryParse(tbx_StationNo.Text, out stationNo) == false)
    {
        MessageBox.Show("올바른 Station Number를 입력하세요");
        return;
    }
    myOPC.ActLogicalStationNumber = stationNo;
    // myOPC.Open();
    int openResult = myOPC.Open();
    if (openResult == 0)
    {
        tbx_Message.Text = "Connected";
        // Control의 Enable 속성 변경
        return;
    }
    else
    {
        tbx_Message.Text = "Error: 0x" + openResult.ToString("X2");
        return;
    }
}
```

[그림 4-12] 코드 작성

```
if (openResult == 0)
{
    tbx_Message.Text = "Connected";
    // Control의 Enable 속성 변경
    tbx_StationNo.Enabled = false;
    btn_Open.Enabled = false;
    btn_Close.Enabled = true;
    tbx_DeviceNo.Enabled = true;
    tbx_OnOff.Enabled = true;
    btn_GetTest.Enabled = true;
    btn_SetTest.Enabled = true;
    return;
}
```

[그림 4-13] 코드 작성

3) PLC와 연결 끊기

- Close도 결과를 int로 반환하며, Open을 참고하여 코드를 작성한다.

```
private void btn_Close_Click(object sender, EventArgs e)
{
    int closeResult = myOPC.Close();
    if (closeResult == 0)
    {
        tbx_Message.Text = "Disconnected";
        // Control의 Enable 속성 변경
        tbx_StationNo.Enabled = true;
        btn_Open.Enabled = true;
        btn_Close.Enabled = false;
        tbx_DeviceNo.Enabled = false;
        tbx_OnOff.Enabled = false;
        btn_GetTest.Enabled = false;
        btn_SetTest.Enabled = false;
        return;
    }
    else
    {
        tbx_Message.Text = "Error: 0x" + closeResult.ToString("X2");
        return;
    }
}
```

[그림 4-14] 코드 작성

4) 코드 최적화

- 유사한 코드가 반복 사용되고 있는 Control의 Enable 속성 변경 Part를 최적화하기 위하여 새로운 메소드를 생성한다. 새로운 컨트롤들이 추가될 때와 같이 프로그램 추가나 유지보수의 관점에서 유용하다.
- 연결 결과에 대해 Enabled 속성이 변경되는 것을 변수를 이용하여 처리한다.

```
private void SetControl(bool isConnected)
{
    tbx_StationNo.Enabled = !isConnected;
    btn_Open.Enabled      = !isConnected;
    btn_Close.Enabled     =  isConnected;
    tbx_DeviceNo.Enabled  =  isConnected;
    tbx_OnOff.Enabled     =  isConnected;
    btn_GetTest.Enabled   =  isConnected;
    btn_SetTest.Enabled   =  isConnected;
}
```

[그림 4-15] 코드 작성

- btn_Open_Click Event Handler의 관련 part를 변경한다.

```
if (openResult == 0)
{
    tbx_Message.Text = "Connected";
    SetControl(true); // Control의 Enable 속성 변경
    //tbx_StationNo.Enabled = false;
    //btn_Open.Enabled = false;
    //btn_Close.Enabled = true;
    //tbx_DeviceNo.Enabled = true;
    //tbx_OnOff.Enabled = true;
    //btn_GetTest.Enabled = true;
    //btn_SetTest.Enabled = true;
    return;
}
```

[그림 4-16] 코드 작성

- btn_Close_Click Event Handler의 관련 part를 변경한다.

```
if (closeResult == 0)
{
    tbx_Message.Text = "Disconnected";
    SetControl(false); // Control의 Enable 속성 변경
    //tbx_StationNo.Enabled = true;
    //btn_Open.Enabled = true;
    //btn_Close.Enabled = false;
    //tbx_DeviceNo.Enabled = false;
    //tbx_OnOff.Enabled = false;
    //btn_GetTest.Enabled = false;
    //btn_SetTest.Enabled = false;
    return;
}
```

[그림 4-17] 코드 작성

- Open/Close의 구문도 결과값(int)을 활용하여 tbx_Message를 Setting하고 컨트롤을 Setting하기는 마찬가지이다. 공통으로 사용할 수 있는 메소드를 생성한다.

```
private void SetControl(int mode, int result)
{
    // mode: 1 = open, 2 = close
    if (result == 0)
    {
        if (mode == 1)
        {
            tbx_Message.Text = "Connected";
            SetControl(true); // Control의 Enable 속성 변경
        }
        else
        {
            tbx_Message.Text = "Disconnected";
            SetControl(false); // Control의 Enable 속성 변경
        }
        return;
    }
    else
    {
        tbx_Message.Text = "Error: 0x" + result.ToString("X2");
        return;
    }
}
```

[그림 4-18] 코드 작성

- btn_Open_Click Event Handler의 관련 part 변경

```
private void btn_Open_Click(object sender, EventArgs e)
{
    int stationNo = 0;
    if (int.TryParse(tbx_StationNo.Text, out stationNo) == false)
    {
        MessageBox.Show("올바른 Station Number를 입력하세요");
        return;
    }
    myOPC.ActLogicalStationNumber = stationNo;
    //int openResult = myOPC.Open();
    //if (openResult == 0)
    //{
    //    tbx_Message.Text = "Connected";
    //    SetControl(true); // Control의 Enable 속성 변경
    //    return;
    //}
    //else
    //{
    //    tbx_Message.Text = "Error: 0x" + openResult.ToString("X2");
    //    return;
    //}
    SetControl(1, myOPC.Open());
}
```

[그림 4-19] 코드 작성

- btn_Close_Click Event Handler의 관련 part 변경

```
private void btn_Close_Click(object sender, EventArgs e)
{
    //int closeResult = myOPC.Close();
    //if (closeResult == 0)
    //{
    //    tbx_Message.Text = "Disconnected";
    //    SetControl(false); // Control의 Enable 속성 변경
    //    return;
    //}
    //else
    //{
    //    tbx_Message.Text = "Error: 0x" + closeResult.ToString("X2");
    //    return;
    //}
    SetControl(2, myOPC.Close());
}
```

[그림 4-20] 코드 작성

5) GetDevice

- GetDevice()는 선택한 Device의 값을 가져오는 함수이다.
- 먼저 입력된 값에 대한 Validation을 수행한다.

```
private void btn_GetTest_Click(object sender, EventArgs e)
{
    if (string.IsNullOrWhiteSpace(tbx_DeviceNo.Text))
    {
        MessageBox.Show("Device Number를 입력하세요");
        return;
    }
    int iOnOff;
    myOPC.GetDevice(tbx_DeviceNo.Text, out iOnOff);
}
```

[그림 4-21] 코드 작성

※ OnOff는 매개변수 Naming Rule에 따라 onOff라고 사용할 수는 있으나, 미학적이지 않고 변수만으로는 DataType도 알 수 없다. number와 같은 변수명은 정확한 data type은 몰라도 수치임을 명확히 알 수 있지만 onOff는 그 자체로 데이터 type을 알 수 없다. 이런 경우 iOnOff와 같은 형태로 사용한다.

- GetDevice()는 성공 여부(성공=0)를 return하므로 이를 감안하여 코드를 작성 한다.

```
private void btn_GetTest_Click(object sender, EventArgs e)
{
    if (string.IsNullOrWhiteSpace(tbx_DeviceNo.Text))
    {
        MessageBox.Show("Device Number를 입력하세요");
        return;
    }
    int iOnOff;
    // myOPC.GetDevice(tbx_DeviceNo.Text, out iOnOff);
    int result = myOPC.GetDevice(tbx_DeviceNo.Text, out iOnOff);
    if (result == 0)
    {
        if (iOnOff == 1) // On
            oval_Lamp.BackColor = Color.Red;
        else
            oval_Lamp.BackColor = Color.Green;
    }
    else
    {
        tbx_Message.Text = "Error: 0x" + result.ToString("X2");
    }
}
```

[그림 4-22] 코드 작성

6) SetDevice

- 입력값을 Validation 한다.

```
private void btn_SetTest_Click(object sender, EventArgs e)
{
    if (string.IsNullOrWhiteSpace(tbx_DeviceNo.Text))
    {
        MessageBox.Show("Device Number를 입력하세요");
        return;
    }
    int iOnOff;
    if (int.TryParse(tbx_OnOff.Text, out iOnOff) == false)
    {
        MessageBox.Show("Device 상태를 입력하세요. 1 = On, 0 = Off");
        return;
    }
}
```

[그림 4-23] 코드 작성

- SetDevice()는 성공 여부(성공=0)를 return하므로 이를 감안하여 코드를 작성 한다.단 SetDevice가 성공하면 결과 확인을 위해 GetDevice를 호출한다.

```
private void btn_SetTest_Click(object sender, EventArgs e)
{
    if (string.IsNullOrWhiteSpace(tbx_DeviceNo.Text))
    {
        MessageBox.Show("Device Number를 입력하세요");
        return;
    }
    int iOnOff;
    if (int.TryParse(tbx_OnOff.Text, out iOnOff) == false)
    {
        MessageBox.Show("Device 상태를 입력하세요. 1 = On, 0 = Off");
        return;
    }
    int result = myOPC.SetDevice(tbx_DeviceNo.Text, iOnOff);
    if (result  == 0)
    {
        btn_GetTest_Click(btn_GetTest, EventArgs.Empty);
    }
    else
    {
        tbx_Message.Text = "Error: 0x" + result.ToString("X2");
    }
}
```

[그림 4-24] 코드 작성

CHAPTER
05

스마트제조& 아두이노-PLC 통신 및 C# 프로그래밍

C# 프로젝트 실습 I

학습 목표

1. OPC를 활용한 PLC 디바이스를 제어할 수 있다.
2. MX Component 라이브러리를 이용한 C#과 PLC 간 통신 접속 프로그래밍을 작성할 수 있다.

1. 시나리오

- 우리가 작성한 Aquarium이라는 프로젝트의 내용을 가지고 OPC를 이용하여 실제 Device를 작동시켜 보도록 한다.

- 화면에 3개의 Lamp를 추가하여, 건강 상태에 따라 30 이하일 때는 Red Lam가, 80 미만일 때는 Yellow Lamp가, 80 이상이면 Green Lamp가 점등되게 한다.
- 단 프로그램에서 인위적으로 점등하는 것이 아니라, 내부적으로 특정 Device에 값을 Setting하고 그 값을 읽어서 표시한다.

2. 참조 추가

- PLC와 연결하기 위해서 MX Component를 참조에 추가한다.
- 솔루션 탐색기 〉 참조 〉 Right Button 〉 참조 추가

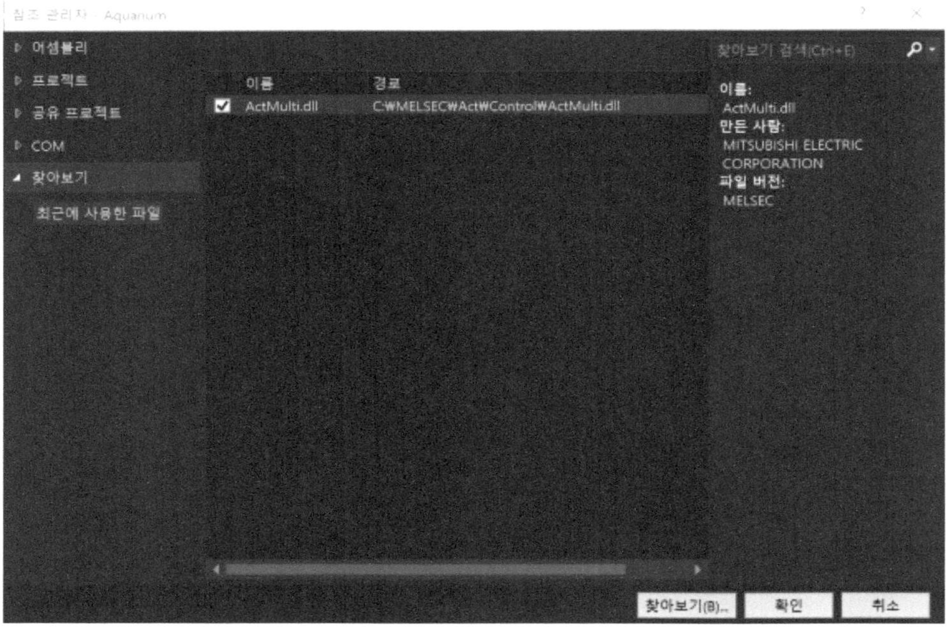

[그림 5-1] 라이브러리 참조 추가

3. 화면 디자인(삼색등)

– 통상 아직 Device 번호가 결정되지 않은 상황에서 프로그램을 작성해야 하는 경우가 많기 때문에 기본값은 입력하더라도 변경 가능하도록 하는 것이 좋다.

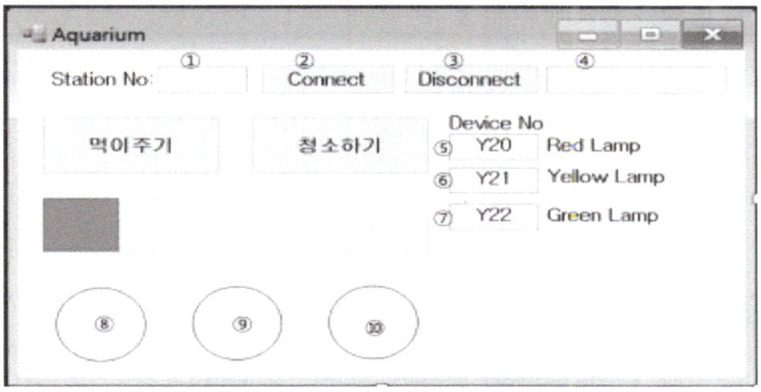

[그림 5-2] 화면 디자인 구성

[표 5-1] 속성창

	Control 종류	속성	Setting	비고
1	TextBox	Name	tbx_StationNo	
2	Button	Name	btn_Connect	
		Text	Connect	
3	Button	Name	btn_Disconnect	
		Text	Disconnect	
4	TextBox	Name	tbx_Message	
		ReadOnly	True	
5	TextBox	Name	tbx_RedLamp	
		Text	Y20	
6	TextBox	Name	tbx_YellowLamp	
		Text	Y21	
7	TextBox	Name	Tbx_GreenLamp	
		Text	Y22	
8	OvalShape	Name	oval_RedLamp	
		BackStyle	Opaque	

9	OvalShape	Name	oval_YellowLamp	
		BackStyle	Opaque	
10	OvalShape	Name	oval_GreenLamp	
		BackStyle	Opaque	

– Connection 후에 기능이 작동되도록 기존 Control의 속성들도 변경한다.

[표 5-2] 속성창

	Control Name	속성	Setting	비고
1	btn_Feed	Enabled	False	
2	btn_Clean	Enabled	False	
3	timer_ HealthStatus	Enabled	False	
4	timer_MakeWorse	Enabled	False	

4. Class 추가

– 이전 프로젝트에서 우리는 MX Component를 이용하여 Device의 값을 읽고, 특정한 값을 Device에 Setting해 보았다. 그런데 그때 작성했던 코드를 이 프로젝트의 기존 코드에 더해 전부 다시 써야 한다면, 코드는 매우 복잡하고 길어지게 될 것이다. 따라서 MX Component를 하나의 Class로 만들어서 사용하기 편리하게 필요한 code를 작성해 보자.

1) MXComponent Class 추가

- 솔루션 탐색기〉〉Project Name〉〉right Click〉〉추가〉〉새항목〉〉Class
- Class 이름: MXComponent

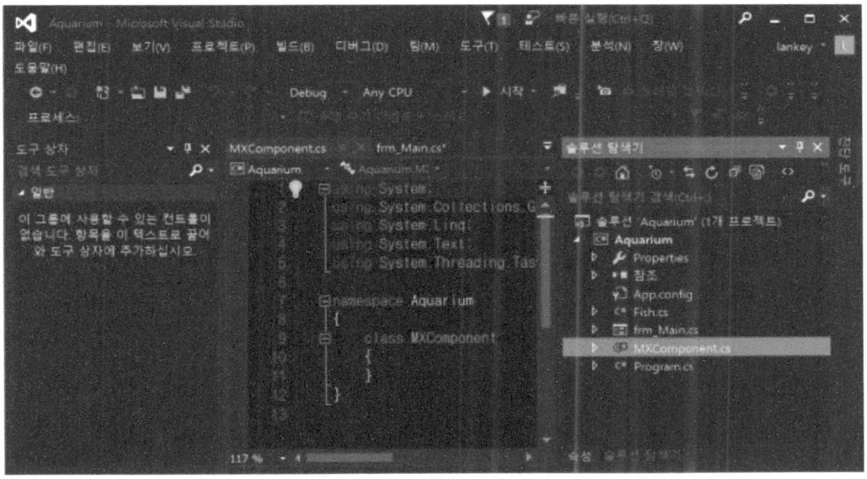

[그림 5-3] 클래스 추가

2) Class 코드 작성

- namespace 추가

[그림 5-4] 코드 작성

- Class의 접근 제한자를 internal로 명확히 하고, 새로운 Object를 생성한다.

[그림 5-5] 코드 작성

- 삼색등의 Device 이름과 삼색등의 점등 상태를 관리할 필드를 추가한다.

```
internal class MXComponent
{
    ActEasyIF myOPC = new ActEasyIF();
    public string LampRed;
    public string LampYellow;
    public string LampGreen;
    public int LampOnOffRed = 0;
    public int LampOnOffYellow = 0;
    public int LampOnOffGreen = 0;
}
```

[그림 5-6] 코드 작성

- MX Component의 Open()을 이용하여 Connect 메소드를 작성한다. 단 return 값과 관련하여 연결 결과와 에러 메시지를 관리할 수 있는 필드를 추가한다.

```
internal class MXComponent
{
    ActEasyIF myOPC = new ActEasyIF();
    #region 필드
    public string LampRed;
    public string LampYellow;
    public string LampGreen;
    public int LampOnOffRed = 0;
    public int LampOnOffYellow = 0;
    public int LampOnOffGreen = 0;
    public bool IsConnected = false;
    public string ErrorMessage;
    #endregion
```

[그림 5-7] 코드 작성

```
internal class MXComponent
{
    ActEasyIF myOPC = new ActEasyIF();
    필드
    public void Connect(int iStation)
    {
        myOPC.ActLogicalStationNumber = iStation;
        int result = myOPC.Open();
        if (result == 0)
        {
            IsConnected = true;
        }
        else
        {
            IsConnected = false;
            ErrorMessage = result.ToString("X2");
        }
    }
}
```

[그림 5-8] 코드 작성

- Disconnect 메소드를 추가한다.

```
internal class MXComponent
{
    ActEasyIF myOPC = new ActEasyIF();
    필드
    public void Connect(int iStation) ...
    public void Disconnect()
    {
        int result = myOPC.Close();
        if (result == 0)
        {
            IsConnected = false;
        }
        else
        {
            IsConnected = true;
            ErrorMessage = result.ToString("X2");
        }
    }
}
```

[그림 5-9] 코드 작성

- 삼색등 Device의 OnOff 상태를 읽어서 Lamp OnOff 필드의 상태를 Update 하는 메소드를 추가한다.

```
internal class MXComponent
{
    ActEasyIF myOPC = new ActEasyIF();
    필드
    public void Connect(int iStation)...
    public void Disconnect()...
    public void GetColorLamp()
    {
        myOPC.GetDevice(LampGreen, out LampOnOffGreen);
        myOPC.GetDevice(LampYellow, out LampOnOffYellow);
        myOPC.GetDevice(LampRed, out LampOnOffRed);
    }
}
```

[그림 5-10] 코드 작성

- 건강 상태를 매개변수로 삼색등 Device를 Setting하는 Method를 추가한다. SetDevice를 마친 후에 실제 상태를 읽어서 Class의 필드를 Update한다.

```
internal class MXComponent
{
    ActEasyIF myOPC = new ActEasyIF();
    필드
    public void Connect(int iStation)...
    public void Disconnect()...
    public void GetColorLamp()...
    public void SetColorLamp(int health)
    {
        if (health < 40)
        {
            myOPC.SetDevice(LampGreen, 0);
            myOPC.SetDevice(LampYellow, 0);
            myOPC.SetDevice(LampRed, 1);
        }
        else if (health > 70)
        {
            myOPC.SetDevice(LampGreen, 1);
            myOPC.SetDevice(LampYellow, 0);
            myOPC.SetDevice(LampRed, 0);
        }
        else
        {
            myOPC.SetDevice(LampGreen, 0);
            myOPC.SetDevice(LampYellow, 1);
            myOPC.SetDevice(LampRed, 0);
        }
        GetColorLamp();
    }
}
```

[그림 5-11] 코드 작성

5. Form 코드 작성

- MX Component를 객체화한다.

```
public partial class frm_Main : Form
{
    Fish myFish = new Fish("Nemo");
    MXComponent myPLC = new MXComponent();

    public frm_Main()
```

[그림 5-12] 코드 작성

- Form Load Event에서 초깃값을 Setting 한다.

```
private void frm_Main_Load(object sender, EventArgs e)
{
    myPLC.LampGreen  = tbx_GreenLamp.Text;
    myPLC.LampYellow = tbx_YellowLamp.Text;
    myPLC.LampRed    = tbx_RedLamp.Text;
}
```

[그림 5-13] 코드 작성

- 이제 MX Component Class의 삼색등의 OnOff 상태를 읽어서 원의 색을 변환시킨다. 지속적으로 표시할 것이므로 Timer를 사용한다.

[표 5-3] 속성창

속성	Setting	설명
Name	timer_ColorLamp	
Enabled	False	프로그램이 시작할 때는 가동되지 않는다.
Interval	100	0.1초마다 Tick Event를 수행한다.

– Timer의 Tick Event 코드를 작성한다.

```
private void timer_ColorLamp_Tick(object sender, EventArgs e)
{
    if (myPLC.LampOnOffGreen == 1)
        oval_GreenLamp.BackColor = Color.Green;
    else
        oval_GreenLamp.BackColor = Color.Transparent;

    if (myPLC.LampOnOffYellow == 1)
        oval_YellowLamp.BackColor = Color.Yellow;
    else
        oval_YellowLamp.BackColor = Color.Transparent;

    if (myPLC.LampOnOffRed == 1)
        oval_RedLamp.BackColor = Color.Red;
    else
        oval_RedLamp.BackColor = Color.Transparent;
}
```

[그림 5-14] 코드 작성

– Red Lamp device (tbx_RedLamp)에 이름을 입력하면(값이 변하면), MX ComponentClass의 RedLamp 필드의 값을 Update한다. 이와 관련된 event는 TextChanged이다. TextBox 컨트롤을 Double Click했을 때 기본 event이다.

```
private void tbx_RedLamp_TextChanged(object sender, EventArgs e)
{
    myPLC.LampRed = tbx_RedLamp.Text;
}
```

[그림 5-15] 코드 작성

– Yellow Lamp device와 Green Lamp device도 같은 방법으로 처리해 준다.

```
private void tbx_YellowLamp_TextChanged(object sender, EventArgs e)
{
    myPLC.LampYellow = tbx_YellowLamp.Text;
}
private void tbx_GreenLamp_TextChanged(object sender, EventArgs e)
{
    myPLC.LampGreen = tbx_GreenLamp.Text;
}
```

[그림 5-16] 코드 작성

- Connection 여부에 따라 컨트롤들의 속성을 변경하는 메소드를 추가한다.

```
private void SetControl(bool isConnected)
{
    btn_Connect.Enabled       = !isConnected;
    tbx_StationNo.Enabled     = !isConnected;
    tbx_RedLamp.Enabled       = !isConnected;
    tbx_YellowLamp.Enabled    = !isConnected;
    tbx_GreenLamp.Enabled     = !isConnected;
    btn_Disconnect.Enabled    =  isConnected;
    btn_Feed.Enabled          =  isConnected;
    btn_Clean.Enabled         =  isConnected;
    if (isConnected)
    {
        timer_HealthStatus.Start();
        timer_MakeWorse.Start();
        timer_ColorLamp.Start();
    }
    else
    {
        timer_HealthStatus.Stop();
        timer_MakeWorse.Stop();
        timer_ColorLamp.Stop();
    }
}
```

[그림 5-17] 코드 작성

- Connect 버튼의 Click Event 작성 - Station number에 대한 Validation 수행

```
private void btn_Connect_Click(object sender, EventArgs e)
{
    int iStation = 0;
    if (int.TryParse(tbx_StationNo.Text, out iStation) == false)
    {
        MessageBox.Show("올바른 Station Number를 입력하세요",
            "Station 오류",
            MessageBoxButtons.OK,
            MessageBoxIcon.Exclamation);
        return;
    }
}
```

[그림 5-18] 코드 작성

– Connect 버튼의 Click Event 작성 – 연결

```
private void btn_Connect_Click(object sender, EventArgs e)
{
    int iStation = 0;
    if (int.TryParse(tbx_StationNo.Text, out iStation) == false)
    {
        MessageBox.Show("올바른 Station Number를 입력하세요",
            "Station 오류",
            MessageBoxButtons.OK,
            MessageBoxIcon.Exclamation);
        return;
    }
    myPLC.Connect(iStation); // 연결시도
    if (myPLC.IsConnected)
    {
        tbx_Message.Text = "Connected";
        SetControl(myPLC.IsConnected);
    }
    else
    {
        tbx_Message.Text = myPLC.ErrorMessage;
        MessageBox.Show("PLC와 연결에 실패하였습니다",
            "연결실패",
            MessageBoxButtons.OK,
            MessageBoxIcon.Exclamation);
        return;
    }
}
```

[그림 5-19] 코드 작성

– Disconnect Click Event handler 작성 – 기존에 사용하던 Lamp의 Status의 초기화를 위한 메소드를 MX Component Class에 작성

```
internal class MXComponent
{
    ActEasyIF myOPC = new ActEasyIF();
    필드
    public void Connect(int iStation)...
    public void Disconnect()...
    public void GetColorLamp()...
    public void SetColorLamp(int health)...
    public void InitializeLamp()
    {
        myOPC.SetDevice(LampRed, 0);
        myOPC.SetDevice(LampYellow, 0);
        myOPC.SetDevice(LampGreen, 0);
    }
}
```

[그림 5-20] 코드 작성

– Disconnect Click Event handler 작성 – Lamp 초기화 후 접속 종료

```
private void btn_Disconnect_Click(object sender, EventArgs e)
{
    myPLC.InitializeLamp();
    myPLC.Disconnect(); // 연결 끊기 시도
    if (myPLC.IsConnected)
    {
        tbx_Message.Text = myPLC.ErrorMessage;
        MessageBox.Show("PLC와 연결에 실패하였습니다",
            "연결실패",
            MessageBoxButtons.OK,
            MessageBoxIcon.Exclamation);
        return;
    }
    else
    {
        tbx_Message.Text = "Disconnected";
        SetControl(myPLC.IsConnected);
    }
}
```

[그림 5-21] 코드 작성

CHAPTER **06**

스마트제조& 아두이노-PLC 통신 및 C# 프로그래밍

C# 프로젝트 실습 II

학습 목표

1. MX Component Class 코드를 작성하여 디바이스를 제어할 수 있다.
2. 기존 프로젝트 프로그램 코드 분석 및 추가 기능을 완성할 수 있다.

1. 시나리오

- 먹이 주기와 청소하기 버튼의 옆에 버튼이 기능하고 있음을 보여 주는 스위치 Lamp를 만들어서 눌리는 동안 오렌지색을 점등한다.
- 청소하기 버튼의 경우에는 별도의 Lamp를 하나 더 만들어서 눌리고 있는 동안 점멸시킨다. (사무실에서 버튼을 누르면 현장에서 점멸등이 가동)

2. 화면 디자인

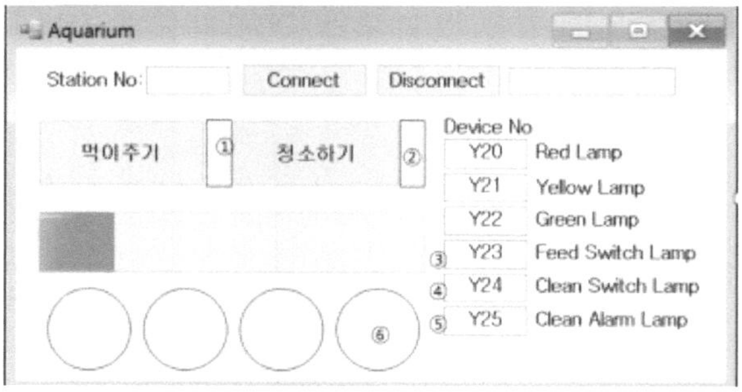

[그림 6-1] 화면 디자인 구성

[표 6-1] 속성창

	Control 종류	속성	Setting	비고
1	RectangleShape	Name	rec_FeedSwitchLamp	
		BackStyle	Opaque	
2	RectangleShape	Name	rec_CleanSwitchLamp	
		BackStyle	Opaque	
3	TextBox	Name	tbx_FeedSwitchLamp	
		ReadOnly	True	
4	TextBox	Name	tbx_CleanSwitchLamp	
		Text	Y20	
5	TextBox	Name	tbx_CleanAlarmLamp	
		Text	Y21	
6	OvalShape	Name	oval_CleanAlarmLamp	
		BackStyle	Opaque	

3. MX Component Class 코드 작성

– 이미 설명한 것처럼 통상 이러한 종류의 프로그램은 아직 Device 번호가 결정되지 않은 상황에서 프로그램을 작성해야 하는 경우가 많기 때문에 변경 가능하도록 하는 것이 좋다. 추가된 Lamp들의 Device와 점등 상태를 관리할 수 있는 필드를 추가한다.

```
internal class MXComponent
{
    ActEasyIF myOPC = new ActEasyIF();
    #region 필드
    public string LampRed;
    public string LampYellow;
    public string LampGreen;
    public int LampOnOffRed = 0;
    public int LampOnOffYellow = 0;
    public int LampOnOffGreen = 0;
    public bool IsConnected = false;
    public string ErrorMessage;
    public string LampFeedSwitch;
    public string LampCleanSwitch;
    public string LampCleanAlarm;
    public int LampOnOffFeedSwitch = 0;
    public int LampOnOffCleanSwitch = 0;
    public int LampOnOffCleamAlarm = 0;
    #endregion
```

[그림 6-2] 코드 작성

– Feed / Clean / Alarm과 관련된 코드를 작성한다.

```
internal class MXComponent
{
    ActEasyIF myOPC = new ActEasyIF();
    필드
    public void Connect(int iStation)...
    public void Disconnect()...
    public void GetColorLamp()...
    public void SetColorLamp(int health)...
    public void InitializeLamp()...
    public void Feed(int iOnOff)
    {
        myOPC.SetDevice(LampFeedSwitch, iOnOff);
        myOPC.GetDevice(LampFeedSwitch, out LampOnOffFeedSwitch);
    }
```

[그림 6-3] 코드 작성

```
public void Clean(int iOnOff)
{
    myOPC.SetDevice(LampCleanSwitch, iOnOff);
    myOPC.GetDevice(LampCleanSwitch, out LampOnOffCleanSwitch);
}
public void CleanAlarm(int iOnOff)
{
    myOPC.SetDevice(LampCleanAlarm, iOnOff);
    myOPC.GetDevice(LampCleanAlarm, out LampOnOffCleamAlarm);
}
}
```

[그림 6-4] 코드 작성

- Disconnect에서 기존에 사용하던 Device를 변경하기 전에 사용하던 Device들의 값을 초기화하는 메소드에 추가된 항목을 추가한다.

```
internal class MXComponent
{
    ActEasyIF myOPC = new ActEasyIF();
    필드
    public void Connect(int iStation)...
    public void Disconnect()...
    public void GetColorLamp()...
    public void SetColorLamp(int health)...
    public void InitializeLamp()
    {
        myOPC.SetDevice(LampRed,0);
        myOPC.SetDevice(LampYellow, 0);
        myOPC.SetDevice(LampGreen, 0);
        myOPC.SetDevice(LampFeedSwitch, 0);
        myOPC.SetDevice(LampClearSwitch, 0);
        myOPC.SetDevice(LampClearAlarm, 0);
    }
    public void Feed(int iOnOff)...
    public void Clean(int iOnOff...
    public void CleanAlarm(int iOnOff)...
}
```

[그림 6-5] 코드 작성

4. Form 코드 작성

– Form Load Event에서 초깃값을 Setting 항목 추가

```
private void frm_Main_Load(object sender, EventArgs e)
{
    myPLC.LampGreen  = tbx_GreenLamp.Text;
    myPLC.LampYellow = tbx_YellowLamp.Text;
    myPLC.LampRed    = tbx_RedLamp.Text;
    myPLC.LampFeedSwitch  = tbx_FeedSwitchLamp.Text;
    myPLC.LampCleanSwitch = tbx_CleanSwitchLamp.Text;
    myPLC.LampCleanAlarm  = tbx_CleanAlarmLamp.Text;
}
```

[그림 6-6] 코드 작성

– SetControl 메소드에 항목 추가

```
private void SetControl(bool isConnected)
{
    btn_Connect.Enabled     = !isConnected;
    tbx_StationNo.Enabled   = !isConnected;
    tbx_RedLamp.Enabled     = !isConnected;
    tbx_YellowLamp.Enabled  = !isConnected;
    tbx_GreenLamp.Enabled   = !isConnected;
    tbx_FeedSwitchLamp.Enabled  = !isConnected;
    tbx_CleanSwitchLamp.Enabled = !isConnected;
    tbx_CleanAlarmLamp.Enabled  = !isConnected;
    btn_Disconnect.Enabled  =  isConnected;
    btn_Feed.Enabled        =  isConnected;
    btn_Clean.Enabled       =  isConnected;
```

[그림 6-7] 코드 작성

– Device 변경을 Class에 반영한다.

```
private void tbx_FeedSwitchLamp_TextChanged(object sender, EventArgs e)
{
    myPLC.LampFeedSwitch = tbx_FeedSwitchLamp.Text;
}
private void tbx_CleanSwitchLamp_TextChanged(object sender, EventArgs e)
{
    myPLC.LampCleanSwitch = tbx_CleanSwitchLamp.Text;
}
private void tbx_CleanAlarmLamp_TextChanged(object sender, EventArgs e)
{
    myPLC.LampCleanAlarm = tbx_CleanAlarmLamp.Text;
}
```

[그림 6-8] 코드 작성

– 먹이 주기 Button에서 Lamp Control 코드 추가

```
private void btn_Feed_MouseDown(object sender, MouseEventArgs e)
{
    myPLC.Feed(1);
}
private void btn_Feed_MouseUp(object sender, MouseEventArgs e)
{
    myPLC.Feed(0);
}
```

[그림 6-9] 코드 작성

– 청소하기 Button에서 Lamp Control 코드 추가

```
private void btn_Clean_MouseDown(object sender, MouseEventArgs e)
{
    timer_Clean.Start();
    myPLC.Clean(1);
}
private void btn_Clean_MouseUp(object sender, MouseEventArgs e)
{
    timer_Clean.Stop();
    myPLC.Clean(0);
}
```

[그림 6-10] 코드 작성

- Lamp를 표시하기 위해 새로운 Timer를 만들 수도 있고, 기존의 Lamp 표시 기능에 추가할 수도 있다. 기존 Timer에 코드를 작성한다.

```
private void timer_ColorLamp_Tick(object sender, EventArgs e)
{
    기존코드

    if (myPLC.LampOnOffFeedSwitch == 1)
        rec_FeedSwitchLamp.BackColor = Color.OrangeRed;
    else
        rec_FeedSwitchLamp.BackColor = Color.Transparent;

    if (myPLC.LampOnOffCleanSwitch == 1)
        rec_CleanSwitchLamp.BackColor = Color.OrangeRed;
    else
        rec_CleanSwitchLamp.BackColor = Color.Transparent;

    if (myPLC.LampOnOffCleamAlarm == 1)
        oval_CleanAlarmLamp.BackColor = Color.OrangeRed;
    else
        oval_CleanAlarmLamp.BackColor = Color.Transparent;
}
```

[그림 6-11] 코드 작성

- Timer를 이용하여 점멸등을 만들어 보자. (점멸을 위해 명령을 하는 부분과 보여 주는 부분을 구분한다) 이 Timer는 명령을 위한 것이다.

[표 6-2] 속성창

속성	Setting	설명
Name	timer_CleanAlarmLamp	
Enabled	False	프로그램이 시작할 때는 가동되지 않는다.
Interval	500	0.1초마다 Tick Event를 수행한다.

```
private void timer_CleanAlarmLamp_Tick(object sender, EventArgs e)
{
    if (myPLC.LampOnOffCleamAlarm == 1)
        myPLC.CleanAlarm(0);
    else
        myPLC.CleanAlarm(1);
}
```

[그림 6-12] 코드 작성

- 청소하기 버튼이 눌려질 때 이 timer를 호출한다.

```
private void btn_Clean_MouseDown(object sender, MouseEventArgs e)
{
    timer_Clean.Start();
    myPLC.Clean(1);
    timer_CleanAlarmLamp.Start();
}
private void btn_Clean_MouseUp(object sender, MouseEventArgs e)
{
    timer_Clean.Stop();
    myPLC.Clean(0);
    timer_CleanAlarmLamp.Stop();
}
```

[그림 6-13] 코드 작성

CHAPTER 07

4차 산업혁명 시대, 스마트 공장 구축을 위한 아두이노-PLC 통신 및 C# 프로그래밍

C# 프로젝트 실습 III

학습 목표

1. 기존 프로젝트 프로그램 코드 분석 및 추가 기능을 완성할 수 있다.
2. 프로그래밍 모니터링을 통해 코드 전반적인 사항을 종합 검증할 수 있다.

1. 시나리오

– Test Kit의 입력 Device에 먹이 주기와 청소하기 버튼을 설정하고, 해당 버튼이 눌려지면 PC에서 수행한 것과 동일하게 수행되도록 한다.

2. 화면 디자인

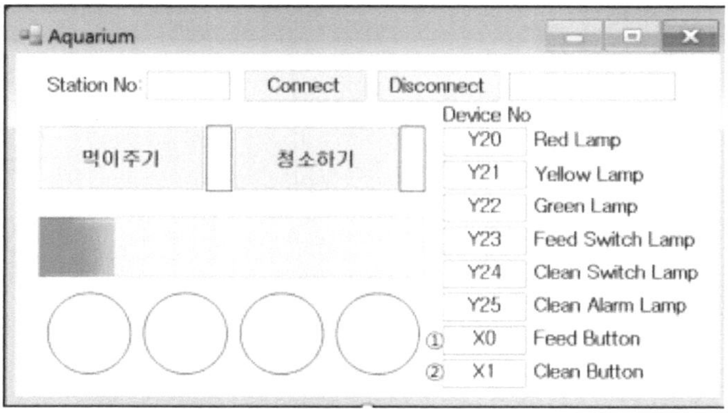

[그림 7-1] 화면 디자인 구성

[표 7-1] 속성창

	Control 종류	속성	Setting	비고
1	TextBox	Name	tbx_FeedButton	
		Text	Y20	
2	TextBox	Name	tbx_CleanButton	
		Text	Y21	

3. Class 코드 작성

- Test Kit의 Device Number를 관리할 필드를 추가한다.

```
internal class MXComponent
{
    ActEasyIF myOPC = new ActEasyIF();
    기존 필드
    public string ButtonFeed;
    public string ButtonClean;
    public int ButtonOnOffFeed = 0;
    public int ButtonOnOffClean = 0;
```

[그림 7-2] 코드 작성

- Test Kit Button의 Status를 확인할 수 있는 메소드 작성

```
internal class MXComponent
{
    ActEasyIF myOPC = new ActEasyIF();
    필드
    public void Connect(int station){...}
    public void Disconnect(){...}
    public void GetColorLamp(){...}
    public void SetColorLamp(int health){...}
    public void InitializeLamp(){...}
    public void Feed(int onOff){...}
    public void Clean(int onOff){...}
    public void CleanAlarm(int onOff){...}
    public void GetFeedtButton()
    {
        myOPC.GetDevice(ButtonFeed, out ButtonOnOffFeed);
    }
    public void GetCleantButton()
    {
        myOPC.GetDevice(ButtonClean, out ButtonOnOffClean);
    }
}
```

[그림 7-3] 코드 작성

- Disconnect Click Event handler 작성 – 기존에 사용하던 Lamp의 Status의 초기화를 위한 메소드를 MX Component Class에 작성

```
public void InitializeLamp()
{
    myOPC.SetDevice(LampRed,0);
    myOPC.SetDevice(LampYellow, 0);
    myOPC.SetDevice(LampGreen, 0);
    myOPC.SetDevice(LampFeedSwitch, 0);
    myOPC.SetDevice(LampCleanSwitch, 0);
    myOPC.SetDevice(LampCleanAlarm, 0);
    myOPC.SetDevice(ButtonFeed, 0);
    myOPC.SetDevice(ButtonClean, 0);
}
```

[그림 7-4] 코드 작성

4. Form 코드 작성

1) 공통 코드

- Form Load Event에서 Class의 초깃값을 Setting 항목 추가

```
private void frm_Main_Load(object sender, EventArgs e)
{
    myPLC.LampGreen  = tbx_GreenLamp.Text;
    myPLC.LampYellow = tbx_YellowLamp.Text;
    myPLC.LampRed    = tbx_RedLamp.Text;
    myPLC.LampFeedSwitch  = tbx_FeedSwitchLamp.Text;
    myPLC.LampCleanSwitch = tbx_CleanSwitchLamp.Text;
    myPLC.LampCleanAlarm  = tbx_CleanAlarmLamp.Text;
    myPLC.ButtonFeed  = tbx_FeedButton.Text;
    myPLC.ButtonClean = tbx_CleanButton.Text;
}
```

[그림 7-5] 코드 작성

- SetControl 코드에서 Timer의 Start/Stop 관련 코드를 추가한다.

```
private void SetControl(bool isConnected)
{
    #region 컨트롤 핸들링
    btn_Connect.Enabled     = !isConnected;
    tbx_StationNo.Enabled  = !isConnected;
    tbx_RedLamp.Enabled     = !isConnected;
    tbx_YellowLamp.Enabled = !isConnected;
    tbx_GreenLamp.Enabled  = !isConnected;
    tbx_FeedSwitchLamp.Enabled  = !isConnected;
    tbx_CleanSwitchLamp.Enabled = !isConnected;
    tbx_CleanAlarmLamp.Enabled  = !isConnected;
    tbx_FeedButton.Enabled  = !isConnected;
    tbx_CleanButton.Enabled = !isConnected;
    btn_Disconnect.Enabled =  isConnected;
    btn_Feed.Enabled       =  isConnected;
    btn_Clean.Enabled      =  isConnected;
    #endregion
```

[그림 7-6] 코드 작성

2) 먹이 주기 코드

[표 7-2] 속성창

속성	Setting	설명
Name	timer_FeedButton	
Enabled	False	프로그램이 시작할 때는 가동되지 않는다.
Interval	100	0.1초마다 Tick Event를 수행한다.

```
int iFeedOnOff = 0;
private void timer_FeedButton_Tick(object sender, EventArgs e)
{
    myPLC.GetFeedtButton();
    if (iFeedOnOff == myPLC.ButtonOnOffFeed) return;
    if (myPLC.ButtonOnOffFeed == 1)
    {
        iFeedOnOff = 1;
        myFish.Feed();
        myPLC.Feed(1);
    }
    else
    {
        iFeedOnOff = 0;
        myPLC.Feed(0);
    }
}
```

[그림 7-7] 코드 작성

- SetControl의 Timer 호출 부분에 작성한 Timer Event를 추가한다.

```
private void SetControl(bool isConnected)
{
    컨트롤 핸들링
    if (isConnected)
    {
        timer_HealthStatus.Start();
        timer_MakeWorse.Start();
        timer_ColorLamp.Start();
        timer_FeedButton.Start();
    }
    else
    {
        timer_HealthStatus.Stop();
        timer_MakeWorse.Stop();
        timer_ColorLamp.Stop();
        timer_FeedButton.Stop();
    }
}
```

[그림 7-8] 코드 작성

- 기능적으로는 작동이 되지만, 이럴 경우 같은 코드를 두 번 쓰게 되므로 추후 유지보수의 문제가 발생할 수 있다. 따라서 기존 코드를 메소드로 만들어 호출하는 방식으로 변경한다.

```
private void Feed(int onOff)
{
    if (onOff == 1) myFish.Feed(); // MouseDown에서
    myPLC.Feed(onOff);
}
```

[그림 7-9] 코드 작성

- 기존 Click Event의 코드는 삭제한다. (Mouse Down으로 통합)

```
private void btn_Feed_Click(object sender, EventArgs e)
{
    // myFish.Feed(); // 이벤트를 삭제
}
```

[그림 7-10] 코드 작성

- MouseDown/Up Event 코드 변경

```
private void btn_Feed_MouseDown(object sender, MouseEventArgs e)
{
    // myPLC.Feed(1);
    Feed(1);
}
private void btn_Feed_MouseUp(object sender, MouseEventArgs e)
{
    // myPLC.Feed(0);
    Feed(0);
}
```

[그림 7-11] 코드 작성

- timer_FeedButton의 함수 호출 부분을 통합 함수 호출로 변경한다.

```
int iFeedOnOff = 0;
private void timer_FeedButton_Tick(object sender, EventArgs e)
{
    myPLC.GetFeedtButton();
    if (iFeedOnOff == myPLC.ButtonOnOffFeed) return;
    if (myPLC.ButtonOnOffFeed == 1)
    {
        iFeedOnOff = 1;
        //myFish.Feed();
        //myPLC.Feed(1);
        Feed(1);
    }
    else
    {
        iFeedOnOff = 0;
        //myPLC.Feed(0);
        Feed(0);
    }
}
```

[그림 7-12] 코드 작성

3) 청소하기 코드

- 먹이 주기에서와 마찬가지로 기존 MouseDown/Up 코드를 참조하여 통합 함수를 만들어 준다.

```
private void Clean(int onOff)
{
    myPLC.Clean(onOff);
    if (onOff == 1)
    {
        timer_Clean.Start();
        timer_CleanAlarmLamp.Start();
    }
    else
    {
        timer_Clean.Stop();
        timer_CleanAlarmLamp.Stop();
    }
}
```

[그림 7-13] 코드 작성

- 기존 코드를 변경한다.

```
private void btn_Clean_MouseDown(object sender, MouseEventArgs e)
{
    //timer_Clean.Start();
    //myPLC.Clean(1);
    //timer_CleanAlarmLamp.Start();
    Clean(1);
}
private void btn_Clean_MouseUp(object sender, MouseEventArgs e)
{
    //timer_Clean.Stop();
    //myPLC.Clean(0);
    //timer_CleanAlarmLamp.Stop();
    Clean(0);
}
```

[그림 7-14] 코드 작성

- Clean Button을 모니터링하는 새로운 Timer를 만들어 코드를 작성한다.

[표 7-3] 속성창

속성	Setting	설명
Name	timer_CleanButton	
Enabled	False	프로그램이 시작할 때는 가동되지 않는다.
Interval	100	0.1초마다 Tick Event를 수행한다.

```
int iCleanOnOff = 0;
private void timer_CleanButton_Tick(object sender, EventArgs e)
{
    myPLC.GetCleantButton();
    if (iCleanOnOff == myPLC.ButtonOnOffClean) return;
    if (myPLC.ButtonOnOffClean == 1)
    {
        iCleanOnOff = 1;
        Clean(1);
    }
    else
    {
        iCleanOnOff = 0;
        Clean(0);
    }
}
```

[그림 7-15] 코드 작성

- SetControl의 Timer 호출 부분에 작성한 Timer Event를 추가한다.

```
private void SetControl(bool isConnected)
{
    컨트롤 핸들링
    if (isConnected)
    {
        timer_HealthStatus.Start();
        timer_MakeWorse.Start();
        timer_ColorLamp.Start();
        timer_FeedButton.Start();
        timer_CleanButton.Start();
    }
    else
    {
        timer_HealthStatus.Stop();
        timer_MakeWorse.Stop();
        timer_ColorLamp.Stop();
        timer_FeedButton.Stop();
        timer_CleanButton.Stop();
    }
}
```

[그림 7-16] 코드 작성

5. 물고기 키우기 프로젝트 정리

- 우리는 물고기 키우기 프로젝트를 통해서 Class에 대해서 배웠으며, MX Component 프로젝트를 통해서 OPC에 대한 기본 개념을 배웠다.
- 이 프로젝트들을 확장하여 우리는 실제 특정한 기능을 가지는 프로그램에서 OPC를 통해 Machine(Test Kit)을 제어하거나 Machine에서 조작하여 프로그램의 기능을 수행하도록 해 보았다.
- 이 프로그램은 Thread와 같은 기능을 사용하지 않고, 단순한 timer를 이용하여 작성되었을 뿐 아니라 Validation도 잘 되어 있지 않기 때문에 완성도가 높은 프로그램은 아니지만 이 프로젝트는 상당한 의미가 있는 프로그램이다.

- 기술적인 측면에서 C#의 Class와 OPC를 활용하여 프로그램을 작성해 보았다는 것 이외에도 이 소규모 프로젝트를 통해서 최근 화두가 되고 있는 Smart Factory, Industry 4.0 또는 4차 산업혁명의 개념을 구현해 보았다는 점이다.

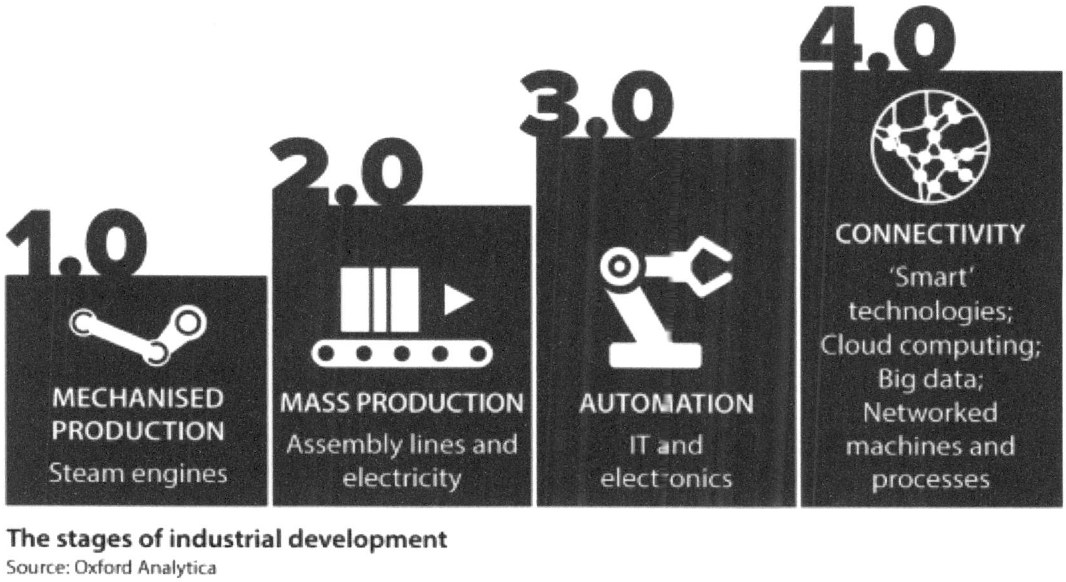

[그림 7-17] 4차 산업혁명

- 우리가 수행해 본 물고기 키우기 프로젝트는 모든 Logic를 Computer에서 구현하고 OPC라는 체계를 통해 기계와 Computer 기반의 Software를 연결하여 상호 기능을 공유하도록 하였다. 또한, 설비에서 조작한 것을 동일하게 컴퓨터에서도 모니터링할 수 있었다.
- 이렇게 컴퓨터 기반의 알고리즘과 Logic에 기반하여 인터넷을 통해 기계 장치를 모니터링하거나 제어하는 시스템 체계를 CPS(Cyber Physical System)이라고 한다.
- 우리가 만든 이 작은 모델 프로젝트의 개념은 얼마든지 실제 기계 장치로 확대할 수도 있다. 실제 설비를 Computer상에서 Graphic으로 구현하고 Controller, Device 등으로부터 획득된 정보를 Graphic으로 구현된 설비에서 동일하게 또는 유사하게 동작하도록 할 수 있는데 이를 가상화 공장(Virtual Factory)이라고 한다.
- 이 가상화 공장(Virtual Factory)를 통해 보다 Smart한 방식으로 이 실제 설비를 모니터링하거나 컨트롤할 수 있는데 Smart Factory의 가장 핵심 중의 하나이다. 특히 위험

하거나 청결을 요구하는 공장의 경우에는 현장에 가지 않고도 사무실에서 설비를 모니터링하고, 간단한 설정의 변경에서부터 시뮬레이션을 통한 작업 재배치에 이르는 모든 작업을 수행할 수도 있다. 이러한 과정에서 Big Data나 인공지능이 활용되는데 기존의 자동화 Concept에서 발전된 개념이고 이것이 바로 4차 산업혁명의 핵심이다.

- 또한, Internet을 통해 모니터링과 컨트롤이 가능하기 때문에 Mobile 환경으로의 확장도 가능하다.

[그림 7-18] 모바일 모니터링

- 본 과정을 통해서 컴퓨터 소프트웨어인 C#과 Physical World로의 접근 경로인 OPC의 활용을 학습하고, 작지만 CPS를 구현해 보았다. 이를 통해 Smart Factory나 4차 산업혁명에 대한 기초 지식을 획득하고 사고 체계 전환의 계기가 되기를 바란다.
- 이제부터는 좀 더 난이도가 있고 복잡한 프로젝트를 통해 보다 효율적인 코드 작성이나 획득된 정보를 활용하기 위한 C#의 문법을 익혀 보도록 한다.

[참고 문헌 및 웹 사이트]

정완보, 기초부터 시작하는 PLC: 멜섹Q 초급 실무부터 통신까지(한빛아카데미)

웹 사이트

한국미쓰비시전기오토메이션(https://kr.mitsubishielectric.com/fa/ko/index.do)

비주얼스튜디오 C# 자습서(https://docs.microsoft.com/ko-kr/visualstudio/get-started/csharp/?view=vs-2019)

[사진 및 자료 출처]

92쪽: TAG:VS2019 / https://www.ryadel.com/en/tags/vs2019/

118쪽: C# Programming Guide /
https://www.seekpng.com/ipng/u2q8t4q8e6e6w7u2_c-programming-guide-c-lenguaje-de-programacion-logo/

220쪽: Industry 1.0 to 4.0 / https://www.linkedin.com/pulse/industry-10-40-ayush-kumar

221쪽: 증강현실을 통한 생산관리 시스템 /
https://m.blog.naver.com/PostView.naver?isHttpsRedirect=true&blogId=tib007&logNo=220902277033

4차 산업혁명 시대, 스마트공장 구축을 위한

스마트제조&

아두이노-PLC 통신 및 C# 프로그래밍

(아두이노에서부터 C# 프로그래밍 실습까지)

2021년 12월 13일 1판 1쇄 인 쇄
2021년 12월 20일 1판 1쇄 발 행

지 은 이 : 정완보, 우재우 공저
펴 낸 이 : 박정태

펴 낸 곳 : **광 문 각**

10881
경기도 파주시 파주출판문화도시 광인사길 161
광문각 B/D 4층
등 록 : 1991. 5. 31 제12-484호
전 화(代) : 031) 955-8787
팩 스 : 031) 955-3730
E - mail : kwangmk7@hanmail.net
홈페이지 : www.kwangmoonkag.co.kr

ISBN : 978-89-7093-645-1 93560

값: 24,000원

KSPA 한국과학기술출판협회회원